Laura
et le mystère
de la chambre rose

Castor Poche
Collection animée par
François Faucher, Hélène Wadowski, Martine Lang
et Soazig Le Bail

Une production de l'Atelier du Père Castor

JACQUES DELVAL

Laura
et le mystère de la chambre rose

illustrations de
CATHERINE LACHAUD

Castor Poche Flammarion

Jacques Delval, l'auteur : « Je suis né en 1939, en Picardie, au milieu des betteraves, des blés et des bombardements. J'ai toujours préféré mon jardin, mes lapins, les arbres et les champs à l'école où je m'ennuyais ferme.

« J'adore le cinéma et la télévision et j'ai eu la chance, avec un ami, de pouvoir écrire deux scénarios. Je voudrais en écrire d'autres et manier la caméra en plus du stylo.

« Voyageur, je suis attiré par les grandes villes et leurs millions de personnages, mais j'aime aussi les paysages vides comme les plaines de mon pays, les déserts ou la mer.

« Lorsque mon canari, les deux cochons d'Inde, Caroline ma tortue et mes trois enfants font trop les fous dans l'appartement, je vais écrire dans les cafés. Cela me permet en plus d'observer les gens, d'écouter leurs conversations et, secrètement, je trouve là mon plus grand plaisir : essayer de vivre mille vies.

« Aujourd'hui, après avoir exercé divers métiers, j'écris des histoires. Elles sont rarement inventées. Mes personnages, je les ai souvent rencontrés et il leur arrive des aventures qui ont été les miennes.

« L'histoire de Laura m'a été inspirée par un faisceau d'anecdotes réelles, par des souvenirs d'enfance, par mon amour des vieilles photographies de famille, par un événement tragique survenu dans l'immeuble où j'habite et surtout par l'extraordinaire maison de ma tante. Tout est vrai dans cette histoire, même le gardien du cimetière, même le petit carnet rouge découvert dans un missel. Tout est vrai et tout est faux. C'est ainsi ! On secoue, dans le cornet à dés de son imagination, anecdotes, visages, lieux, paroles entendues, parfums, saisons. On secoue longtemps et une histoire se met en place. On secoue, on jette les dés. Une histoire roule sur le tapis. C'est un jeu passionnant... »

Du même auteur, dans la collection Castor Poche :

Le train d'El-Kantara, n° 173.

Un barrage dans la vallée, n° 212.

Noria, n° 374.

Salut bahut !, n° 445.

Claude Cachin, l'illustrateur de la couverture, est né en 1964 à Pau. Après une maîtrise d'Arts plastiques, il a obtenu un diplôme de graphiste aux Beaux-Arts de Bordeaux, ville où il habite et travaille aujourd'hui.

Catherine Lachaud, l'illustratrice, est née à Limoges en 1950.

« J'ai toujours eu besoin de papier pour dessiner et de livres pour lire. J'illustre des journaux et des textes pour enfants depuis bientôt dix ans. Bien que vivant beaucoup à Paris, je garde pour mon Limousin natal, dont je parcours en été champs et bois avec mes deux fils collectionneurs d'insectes, un grand attachement. »

Prix des lecteurs en herbe
de la ville de Bègles

Laura et le mystère de la chambre rose :

« La porte s'ouvre, Laura pénètre dans un long couloir très sombre. Sa grand-tante se penche pour l'embrasser… » et voici Laura emportée dans une histoire des plus étranges. Quel mystère cache la maison de sa grand-tante ? Pourquoi ces bruits inquiétants, cette musique, ces chambres toujours fermées à clef, ces chats qui rôdent dans les escaliers ? Pourquoi cette visite dans un cimetière, cette rencontre avec son gardien au visage défiguré ? Qui sont ces personnages inconnus sur des photos jaunies et ce petit carnet, si bien caché, quelle révélation contient-il ?

Laura avance lentement à travers toutes ces énigmes et découvre que dans la maison de sa grand-tante…

Chapitre 1

De gros nuages d'orage filent à toute allure au-dessus des toits de la petite ville bordée de labours et d'immenses champs de betteraves éventrés. Un car de ramassage scolaire aux lignes arrondies atteint les premières maisons en briques, suit des rues encore vides et vient se ranger le long des grilles d'un ensemble scolaire. Sa portière s'ouvre dans un chuintement d'air comprimé. Une fille aux longs cheveux dénoués saute la première et court vers une autre, en blue-jean, appuyée contre un arbre dans la cour.

– Salut Barbara. Tu es déjà là ?

– Tiens pardi ! Je t'attendais. Mon car est déjà arrivé, lui !
– Tant mieux, parce que j'ai une grande nouvelle à t'annoncer !
– Quoi donc ?
– Devine !
– Je ne sais pas, moi ! Tes parents ont acheté un magnétoscope ?
– Mais non ! A partir d'aujourd'hui, je ne ferai plus le trajet en car. Je vais habiter ici, en ville !
– Quoi ? Tes parents déménagent ?
– Pas du tout ! Ma grand-tante me prend chez elle. Elle habite juste à côté !

Et d'un geste théâtral Laura désigne, entre les branches des grands érables du parc qui prolonge la cour de l'école, une haute maison de trois étages surmontée d'une girouette.
– Mince alors ! T'en as de la chance. On dirait un vrai château.
– Oui, c'est immense. Au moins vingt pièces ! Ma grand-tante vit là toute seule depuis des siècles. Maman lui a demandé, dimanche dernier, si elle voulait

bien me prendre chez elle. Elle a fini par dire oui.

– Et toi, tu étais d'accord ?

– Moi ? Au début, quand maman m'en a parlé, pas tellement. Cette grande maison me fait un peu peur. Elle est très sombre et pleine de chats. Quand j'y vais, très rarement tu sais, je n'ose pas bouger de ma chaise. Je ne suis jamais montée dans les étages.

– Alors pourquoi tu as dit oui ?

– Parce que j'aurai une chambre pour moi toute seule. A la maison je partage la mienne avec Jeannot. Il est toujours dans mes jambes, il fouille dans mes affaires et puis je n'aurai plus ce long trajet en car, chaque matin. Me lever tous les jours à six heures, c'est fatigant à la longue !

– T'as raison. C'est comme moi, je n'ai pas de chambre et en plus j'ai deux frères ! Si je pouvais faire comme toi, je n'hésiterais pas. Mais parle-moi un peu des chats.

– Il y en a quatre. Ils sont énormes et noirs comme de l'encre. Ils...

Une sonnerie suraiguë, à vous scier la tête en deux, interrompt les filles. La cour de récréation se vide brusquement. Un grand silence s'abat sur les érables et bientôt on n'entend plus, au loin, de l'autre côté du parc, que les notes mélancoliques d'un piano.

Dix-sept heures. Les cars de ramassage scolaire se rangent le long des grilles. Une nuée de jeunes se rue à l'intérieur. Barbara grimpe la dernière, se retourne et fait un grand signe à son amie qui s'éloigne entre les arbres.

En marchant vers la maison de sa grand-tante, Laura envoie des coups de pied dans les tas de feuilles mortes qui bordent les allées.

« Comment va se passer cette première nuit chez Tantine ? Pourvu que sa chambre ne soit pas trop loin de la mienne. Et qui m'aidera à faire mes devoirs et qu'est-ce que je vais manger le soir ? Tantine fait-elle bien la cuisine et ses chats seront-ils gentils ? »

Laura pousse un gros soupir, redresse

d'un coup d'épaule le petit sac bleu qu'elle porte sur le dos et grimpe les premières marches d'un perron en pierre qui conduit à la porte de la grande maison. Elle hésite un instant avant d'appuyer sur le bouton de sonnette puis, courageusement, l'enfonce à fond. Un son aigre semble se perdre dans l'immense maison puis, plus rien, un silence énorme. Laura commence à s'impatienter quand elle entend une respiration essoufflée qui s'approche. Un visage très blanc s'encadre dans l'entrebâillement de la porte.

– Ah Laura, c'est toi ! Entre donc. Je t'attendais.

La porte s'ouvre un peu plus et Laura pénètre dans un long couloir très sombre. La vieille dame se penche pour l'embrasser. Laura a un petit mouvement de recul au contact d'une peau légèrement collante, couverte d'une épaisse couche de crème.

– Suis-moi ma petite fille. On va goûter et après je te montrerai ta chambre.

En s'appuyant sur une canne à pommeau d'argent, la vieille dame s'enfonce dans le corridor étroit, encombré de portemanteaux, de porte-parapluies. Laura se faufile entre de hautes sellettes qui soutiennent des plantes vertes en équilibre instable. Elle heurte de la tête le bord de grandes glaces biseautées, des cadres en bois doré. Soudain, elle pousse un cri effrayé. La canne de la vieille dame sursaute sur le carrelage.

– Laura, qu'y a-t-il ?

– Rien, Tantine, rien, j'ai cru, j'ai cru...

– Mais quoi donc ?

– Qu'on me tirait les cheveux !

– Qu'on te tirait les cheveux ? Mais qu'est-ce que tu racontes ma pauvre petite fille ? Qui veux-tu que ce soit ? Il n'y a que nous deux ici !

La vieille dame la fixe intensément puis ajoute d'une voix plus douce :

– Tes cheveux ont dû se prendre dans un portemanteau ou dans les bords d'un cadre. Le couloir est si étroit, si sombre. Je ne peux pas allumer. Le bouton électrique est cassé. Il faudrait tout refaire dans cette maison : le chauffage, les peintures, l'installation électrique, tout ! Mais à quoi bon maintenant ?

La vieille dame reprend sa marche en parlant toute seule. Laura se précipite sur ses talons. Elles pénètrent dans une vaste cuisine peinte en bleu. Un énorme buffet flamand aux portes ornées de dragons crachant des flammes occupe tout un mur. En face, une large table de bois blanc est faiblement éclairée par une fenêtre qui donne sur un jardin entouré de hauts murs. Laura y jette un coup d'œil. Il est minuscule, touffu comme une jungle. Des fougères géantes, des buissons de buis, des hortensias aux têtes fanées, des rosiers grimpants, de maigres lilas au tronc noueux s'étouffent les uns les autres en essayant d'atteindre le haut des murs. Autour d'une étroite cour pavée, protégée par une légère marquise prolongeant la façade arrière de la maison, des pots de chrysanthèmes jaunes, de marguerites blanches sont alignés comme dans un cimetière.

– Tu regardes mon jardin. Il n'est pas

très beau en automne, mais tu verras, au printemps, les crocus sortent de terre ; les œillets, les lilas, les rosiers sont en fleurs. C'est une « vraie noblesse ». Mais goûte, ma petite.

La vieille dame pose sur la table un bol à grandes fleurs bleues rempli de lait et une grosse brioche.

Laura regarde le lait d'un petit air écœuré.

– Tantine, tu n'aurais pas plutôt, s'il te plaît, quelque chose d'autre ? Du Coca-Cola par exemple.

– Hein quoi ? Du Coca quoi ?

– Du Coca-Cola. Une boisson pétillante !

– Non, je n'en ai pas, mais si c'est ça que tu aimes, je t'en achèterai. Mange quand même ta brioche, et si tu ne veux pas du lait ce sera pour les chats !

La vieille dame pose le bol à terre et, en se redressant, siffle un air étrange en direction du couloir. Quatre chats noirs, luisants, énormes, bondissent dans la pièce, se précipitent vers le lait qu'ils lapent avidement en se griffant pour

avoir la meilleure place. En quelques instants ils ont tout avalé et sautent sur le buffet. Serrés les uns contre les autres, ils se pourlèchent les babines en fixant Laura de leurs grands yeux jaunes. Elle frissonne, mal à l'aise.

– Tu as froid ma petite fille ?

– Non Tantine, ce sont les chats. Ils m'effraient un peu et puis, tout à l'heure, dans le couloir, j'ai vraiment eu peur.

– Pauvre petite ! Je l'avais bien dit à ta mère que cette grande maison risquait de t'effrayer. (Puis elle ajoute avec un gros soupir de lassitude :) Pour rester ici, il faut y avoir tous ses souvenirs !

Enfin, après un long silence pesant que Laura n'arrive pas à interpréter, la vieille dame lance d'une voix plus ferme et presque enjouée :

– Allons, oublions tout ça et viens. Je vais te montrer ta chambre. Elle te plaira, j'en suis sûre ! Tu y seras tranquille pour faire tes devoirs. En sixième il faut travailler dur ! Moi j'aurais bien aimé continuer mes études mais mon

père n'a pas accepté. Qu'est-ce que j'ai pleuré ! J'aurais voulu être institutrice.

La vieille dame sort de la cuisine, prend un autre couloir à droite et monte péniblement les premières marches d'un escalier qui grince horriblement, toujours suivie par Laura qui ne la quitte plus d'une semelle. La vieille dame se hisse en poussant de gros soupirs et en s'appuyant de tout son poids sur la rampe qui fléchit dangereusement. Elle s'arrête sur un premier palier pour reprendre sa respiration.

– C'est dur pour mes vieilles jambes. Heureusement je ne monte plus guère dans les étages. Ma chambre est en bas.

« Sa chambre est en bas ! répète Laura d'une voix sourde. Zut alors ! Je vais être toute seule là-haut. Et ces affreux chats qui ne nous quittent pas ! » D'un coup de pied rageur elle tente de faire redescendre le plus gros qui s'écarte en soufflant méchamment. La vieille dame a déjà repris son ascension. Laura la rejoint sur un deuxième palier où elle s'est encore arrêtée. Adossée à une porte peinte en rose elle aspire l'air à grands coups, une main sur la poitrine. Elle va dire quelque chose quand le gros chat, qui s'est glissé silencieusement jusque-là, se fige devant la porte et miaule horriblement en griffant le plancher.

– Suffit la Friquette ! parvient à lancer la vieille dame entre deux respirations précipitées.

D'un bond le chat disparaît dans les escaliers. La vieille dame jette un regard rapide vers Laura qui a suivi toute la scène avec une sorte d'angoisse indéfinissable.

– Ce n'est rien, tu sais. Les chats n'ont jamais aimé ce palier. Je me demande bien pourquoi, ajoute-t-elle en abordant un escalier très abrupt qui monte presque à la verticale, comme une échelle, vers le dernier étage.

A mesure que Laura s'élève dans cette étrange maison, son cœur se serre : « Vraiment je n'aurais jamais dû accepter de venir habiter ici. Tantine dort à des kilomètres, ses chats sont horribles, les parquets grincent et j'ai toujours l'impression d'avoir quelqu'un dans mon dos ! » Un nouveau frisson la saisit et elle bondit vers le corsage blanc de sa grand-tante qui s'est arrêtée sur un troisième palier.

– Ça y est, on y est ! Voilà ta chambre. De la fenêtre tu auras une vue magnifique sur le parc et ton école.

Elle ouvre la porte, tourne le bouton électrique. La chambre s'éclaire.

– Ah ! ici ça marche. Tant mieux ! Mais entre donc.

Laura pénètre dans une jolie pièce mansardée. Sur les murs tapissés de bleu pâle, des bergers et des bergères bavardent, assis dans l'ombre de grands arbres. Les personnages se répètent à l'infini sur le papier peint. Un lit en cuivre, décoré de boules blanches aux quatre coins, est encadré par une table de nuit et une armoire cirée. Devant la fenêtre un bureau à tiroirs et une chaise sont installés. En contemplant la chambre, Laura se sent soulagée d'un grand poids. Sa poitrine se dilate. Elle a envie de sauter au cou de sa grand-tante, de lui dire un grand merci, de l'embrasser. Elle sent qu'elle sera heureuse ici, sous les toits, qu'elle oubliera la maison un peu sinistre qui remue au-dessous. Par la fenêtre elle verra le ciel, les oiseaux, le parc et même son école, et qui sait, par temps clair, le château d'eau de son village.

– Alors, ta nouvelle chambre te plaît ? C'était celle de ta grand-mère, ajoute Tantine en souriant.

Laura va répondre un grand oui quand subitement le visage de la vieille dame s'assombrit. Laura n'ose plus rien dire. Sa grand-tante lui demande alors, avec une pointe d'inquiétude ou d'interrogation dans la voix :

– Ta mère te parle quelquefois de ta grand-mère ?

– Non presque jamais. Je sais seulement qu'elle est morte quand maman était petite. C'est tout !

– Ah bon ! Nous, notre chambre était…

La vieille dame s'arrête au beau milieu de sa phrase, pince les lèvres, semble chercher ses mots et dit brusquement :

– Range tes affaires comme tu l'entends. S'il te manque quelque chose, tu me le demanderas. Je te laisse maintenant. Je t'appellerai pour le dîner.

Et elle sort rapidement comme si elle était soudainement pressée de quitter cette pièce.

Laura referme lentement la porte puis, intriguée par l'attitude et le départ précipité de sa grand-tante, s'assoit sur le lit.

« Pourquoi Tantine m'a quittée si vite ? On aurait dit qu'elle avait peur que je lui parle. C'est bizarre quand même. Elle n'a même pas achevé sa phrase. Mais pourquoi ne l'a-t-elle pas terminée ? Qu'est-ce qu'elle peut avoir de si important : "Nous notre chambre était..." » Soudain Laura bondit du lit comme si elle venait d'être piquée par une abeille et se met à marcher à grands pas. « J'y suis, c'est le pluriel qui est bizarre dans cette phrase. Tantine aurait dû dire : "Moi, ma chambre était..."

Si elle a employé le pluriel, c'est qu'elle logeait avec quelqu'un. Ce n'était pas avec grand-mère puisque sa chambre était ici. Tantine l'a dit : "C'était la chambre de ta grand-mère." Donc ce pluriel correspond à une autre personne. Qui ? Son père, sa mère ? Certainement pas. Alors qui ? Un frère, une autre sœur ? Maman ne m'en a jamais parlé. Pourquoi veulent-ils cacher son existence ? Il, elle est morte ou quoi ? Il, elle devait habiter avec Tantine juste au-dessous, dans la chambre qui donne sur le palier, la chambre derrière la porte peinte en rose. La chambre qui a fait si peur aux chats ! » Brusquement angoissée, Laura s'arrête de marcher. Elle entend alors une musique mélancolique et tendre qui semble venir du rez-de-chaussée. Sur la tapisserie, les bergers et les bergères commencent à tourner lentement comme emportés par la musique. Laura se secoue : « Allons ma fille arrête de divaguer. Cette maison n'est pas hantée tout de même ! » Et elle tire de son sac un gros nounours qu'elle assoit sur l'édredon : « Bichou, te voilà dans ta nouvelle chambre. Tu l'aimes ? »

Bichou penche la tête de côté et semble dire oui de ses bons gros yeux de verre. Elle achève de ranger ses livres et ses cahiers sur le petit bureau quand un coup de tonnerre éclate tout proche. La lumière s'éteint. Le cœur de Laura s'arrête de battre. Elle se laisse tomber sur le lit, saisit Bichou dans ses bras, le repose, se lève, cherche le bouton électrique, ne trouve rien, s'affole, ouvre la porte à toute volée et dévale les escaliers.

Sur le dernier palier elle s'arrête un instant pour reprendre sa respiration, s'élance à nouveau et bute sur un obstacle invisible, bascule en avant, fait un tour complet sur elle-même, rebondit de marche en marche et, les fesses en marmelade, atterrit dans le couloir.

Elle se relève péniblement. En face d'elle, confortablement installés sur le radiateur, trois chats la regardent en souriant de toutes leurs moustaches.

Furieuse, elle s'avance vers eux et lance d'une voix stridente :

– Bande de matous pelés, qu'est-ce que vous avez à vous payer ma tête ? Vos moustaches, je vais vous les arracher !

Les chats s'enfuient en soufflant de rage.

Soulagée, Laura cherche à s'orienter. « A droite la cuisine, à gauche le couloir par où je suis entrée, derrière moi l'escalier. Où est Tantine ? » Elle hésite quand la musique de tout à l'heure lui parvient à nouveau. « C'est Tantine. Elle doit être au salon ! » Guidée par les notes, elle prend un couloir qui s'enfonce au centre de la maison. Dans sa hâte de retrouver sa grand-tante elle ne jette que de rapides coups d'œil aux photographies qui tapissent les murs ainsi qu'aux portes closes qui bordent le corridor. Enfin, elle arrive devant une large porte à deux battants légèrement entrouverts. Elle se glisse à l'intérieur. La pièce est immense, vaguement éclairée par une lointaine lumière posée sur le dos luisant d'un long piano à queue.

Brusquement une forme blanche qu'elle n'avait pas remarquée s'assoit devant l'instrument. Laura, effrayée, a un mouvement de recul. Elle heurte une sellette qui tangue dangereusement. Elle essaie de la rattraper. Trop tard ! Le pot d'asparagus qu'elle porte culbute et éclate en touchant le parquet. A l'autre bout de la pièce, le couvercle du piano claque comme un pétard et la voix de Tantine zèbre la pénombre :

– Qui est là ? Mon Dieu, Marguerite !

Et l'on entend alors comme un bruit de verre brisé.

Laura répond d'une petite voix tremblante :

– C'est moi, Laura !

La forme blanche se lève, s'avance vers Laura qui n'ose plus faire un geste. Enfin elle reconnaît le corsage impeccablement repassé de sa grand-tante. Celle-ci s'arrête à quelques pas de Laura, la regarde de haut en bas et lui demande d'une voix inquiète :

– Mais qu'est-ce qui t'arrive ma pauvre

petite fille ? Ton pantalon est déchiré et tu as une grosse bosse sur le front.

Laura cherche à reprendre sa respiration puis répond difficilement, des sanglots dans la voix :

– Le jean déchiré c'est rien, c'est la mode, mais... mais la bosse. Je suis tombée dans les escaliers.

– Tombée dans les escaliers ! Tu as glissé ?

– Oui, non, enfin quelqu'un m'a fait un croche-pied !

– Quelqu'un t'a fait un croche-pied ? Mais tu dis n'importe quoi ma fille ! (Le ton de la vieille dame est devenu sévère, presque méchant.) Je t'ai déjà dit qu'il n'y avait que nous deux dans cette maison, alors arrête s'il te plaît tes divagations ! Tu voulais aller trop vite et tu es tombée. Voilà tout ! Mais enfin, dis-moi, pourquoi courais-tu dans les escaliers ?

– Parce que, parce que...

La voix de Laura se brise et elle dit dans un sanglot :

– Parce que la lumière de ma chambre s'est éteinte !

– L'orage sans doute. (Le ton de la vieille dame s'est radouci. Elle effleure la main de sa petite-nièce et ajoute tendrement :) Tu en as des malheurs ma pauvre petite pour ta première soirée ici, mais tu verras, ça ira mieux demain. Tu te seras habituée un peu à cette grande maison. Elle n'est pas si méchante que ça. Il faut l'apprivoiser. J'y suis arrivée et pourtant quand je me suis retrouvée seule, ici, après la mort de mon père, comme j'ai été malheureuse ! Enfin, je ne vais pas t'ennuyer avec mes histoires. Viens, on va manger. Je t'ai préparé un lapin à la moutarde. Ta mère m'a dit que c'était ton plat préféré.

Après le repas, Laura remonte lentement vers sa chambre. La grande maison semble enfin tranquille. Au loin, des coups de tonnerre étouffés roulent encore. Le bon dîner lui a fait presque oublier ses angoisses et ses questions de tout à l'heure. Elle chantonne en montant les escaliers quand, à l'approche de la porte rose, son cœur bat plus vite. Une angoisse sourde l'envahit. Elle a l'impression que, dans son dos, de grandes ombres se lancent à sa poursuite. Elle court alors dans les escaliers et sans s'arrêter fonce directement dans sa chambre où elle s'enferme à double tour. Sans chercher à allumer, elle se déshabille, se glisse dans le lit et attend que les battements de son cœur se calment. Elle remarque au-dessus de sa tête, dans la pénombre, une poire électrique qui pend au montant du lit. Elle appuie. La lumière jaillit. Ouf ! Elle retrouve ses esprits, essaie de lire, n'y parvient pas, prend Bichou dans ses bras et les yeux grands ouverts se met à réfléchir : « Est-ce que je vais rester ici ? Cette grande maison me fait vraiment peur. C'est peut-être normal. La première fois on trouve tout un peu bizarre dans une nouvelle demeure. Il faut peut-être m'habituer, comme dit Tantine. J'y réussirai sans doute. Mais ce qui m'inquiète le plus, c'est cette histoire de chambre. Quelqu'un d'autre que Tantine habiterait ici ? Il faut absolument que j'éclaircisse ce mystère. » Elle étend le bras pour éteindre quand un bruit, juste au-dessous, la fait sursauter. Elle se redresse, écoute, écoute, tendue à l'extrême. Ce bruit encore, comme un pas léger. « Tantine dans la chambre du dessous ? Pourtant elle m'a dit qu'elle dormait en bas. Les chats ? Ou quoi ? » Laura se fourre sous les couvertures et serre très fort Bichou contre sa poitrine. Elle attend, anxieuse. Plus rien. Elle s'apaise et finit par s'endormir, Bichou dans les bras et la lumière allumée.

Chapitre 2

Des coups frappés à la fenêtre la réveillent brusquement. Un oiseau sautille dans la gouttière. Laura bondit de son lit, toute joyeuse. Ses frayeurs de la nuit sont oubliées. Elle embrasse Bichou sur les deux oreilles, ouvre la fenêtre. Une pâle clarté monte, au loin, derrière les labours gelés. Des fumées légères, bleutées, s'étirent au-dessus des toits de la petite ville. Des odeurs de feuilles mortes, de terre remuée lui parviennent du grand parc encore dans l'ombre. Elle respire longuement, s'habille, prend son sac et dévale les escaliers. Elle s'immobilise sur le palier. La porte rose est là qui l'observe. Elle avance vers elle à pas de loup et, le cœur battant, regarde par le trou de la serrure. Elle aperçoit un mur tapissé de rose pâle, les montants de deux lits jumeaux et, appuyée contre l'oreiller du lit le plus proche de la porte, une poupée de porcelaine qui la dévisage de ses grands yeux ouverts. Elle se rejette en arrière et se précipite dans les escaliers. Une bonne odeur de café noir et de brioches chaudes monte de la cuisine. Elle va entrer quand un bruit de vaisselle cassée et la voix courroucée de sa grand-tante l'arrêtent.

– J'en ai plus qu'assez de tes manières ! Tu embêtes tout le monde. Si ça continue je te chasse !

Laura entre prudemment. La vieille dame est en train de ramasser les restes d'un bol brisé. Elle se redresse et sursaute en voyant sa petite-nièce sur le seuil.

– Ah, tu étais là ! Décidément, tu fais moins de bruit que mes chats. Alors as-tu passé une bonne nuit dans ta nouvelle chambre ?

Laura bredouille une réponse incompréhensible et dit comme ça sans avoir l'air d'insister :

– Tu parlais à quelqu'un ?

– A quelqu'un ? Ah oui, à Poussy. Il a encore cassé un bol. Mais dépêche-toi de déjeuner, sinon tu vas arriver en retard à l'école.

Laura court dans la grande allée du parc tant elle est impatiente de retrouver Barbara. Celle-ci lui tombe dans les bras en descendant du car.

– Alors cette première nuit ?

– Terrible, incroyable !

– Raconte !

A la fin du récit, Barbara fixe son amie avec incrédulité :

– Alors, comme ça, tu crois que ta grand-tante cache quelqu'un ?

– Oui, j'en suis certaine. Une sœur, un frère monstrueux ou pire !

– Quoi donc ?

– Un fantôme !

– Un fantôme ! Mais tu es folle. Ça n'existe pas. Tu exagères toujours.
– Alors comment expliques-tu mes cheveux tirés en arrière et ma dégringolade dans l'escalier ?
– Les chats ! Ils n'aiment pas qu'une étrangère dérange leurs habitudes ! Tu as trop d'imagination. C'est comme dans les rédactions. Le prof de français te le dit toujours. Tu...

Laura, vexée, la coupe brutalement :
– Alors pourquoi Tantine a crié « Marguerite » dans le salon ? Je m'appelle Laura, non ? Et les bruits dans la chambre, juste au-dessous de la mienne, et la poupée sur le lit ? Pour le bol cassé, pour ma culbute, d'accord. Je veux bien que ce soient les chats, mais pour le reste !
– Oui, pour le reste c'est un peu bizarre ! concède Barbara qui ne veut pas trop fâcher son amie.

Elle ajoute quand même avec un petit sourire perfide :
– Lundi, après le week-end chez tes parents, tu retourneras chez ta grand-tante ?

Après un silence Laura répond en regardant ailleurs :

– Je ne sais pas. Ce soir en rentrant à la maison je vais interroger ma mère. Elle éclaircira peut-être tous ces mystères, sinon…

– Sinon quoi ?

– Eh bien je chercherai moi-même. Je suis curieuse, tu sais, et quand on me cache quelque chose, je veux découvrir pourquoi. Les mystères, ça m'excite. A la fois j'ai peur et je suis contente !

Les yeux verts de Laura se mettent à briller. Elle ajoute avec détermination :

– Si maman ne sait rien ou ne veut rien dire, lundi prochain je fouillerai dans toutes les pièces. On n'a pas cours de math l'après-midi. Monsieur Lebas est malade. J'en profiterai ! C'est justement le jour où Tantine fait ses courses. Elle me l'a dit hier et elle m'a donné la clef ! Tu ne veux pas venir avec moi ?

– Tu n'y penses pas ! Si ta grand-tante nous surprenait !

– Trouillarde ! Je mènerai donc mon enquête toute seule !

Dix-huit heures. Le dernier car de ramassage scolaire quitte la petite ville et fonce à travers une campagne lugubre. La route, luisante de boue, est bordée d'énormes tas de betteraves qui apparaissent parfois dans le pinceau des phares. Des champs vides montent vers l'horizon noir. De temps en temps, la fenêtre illuminée d'une ferme aux longs bâtiments de briques éclaire la route. Le car freine brutalement dans le centre d'un village tassé au pied d'un château d'eau. Laura saute à terre, fait un signe à ses copines restées à l'intérieur et se dirige rapidement vers une maison à un seul étage entourée d'un grand jardin potager. Elle entre en coup de vent, jette son sac dans l'entrée, au pied du portemanteau, et pénètre dans une agréable cuisine où chauffe une antique cuisinière à charbon. Assise près d'une table recouverte d'une toile cirée à fleurs jaunes, une femme épluche des pommes de terre. Laura se penche pour l'embrasser.

– Bonsoir maman. Jeannot est rentré ?

– Oui, il bricole dans sa chambre.
– Et papa ?
– Il reviendra assez tard. La sucrerie tourne à plein, alors ils ont beaucoup de travail ! Et toi, comment ça s'est passé chez Tantine ?
– Pas trop mal ! Justement, maman, je voulais te demander…
Laura hésite un instant comme si elle cherchait ses mots, puis demande en débitant sa phrase à toute vitesse :
– Tantine, elle n'a jamais eu d'enfants ?
Sa mère la regarde stupéfaite :
– Tantine, des enfants ? Non, jamais, bien sûr ! Elle ne s'est même jamais mariée. Depuis la mort de son père, il y a au moins quarante ans, elle vit seule dans sa grande maison. Mais pourquoi me poses-tu une question pareille ?
Laura, embêtée, répond évasivement :
– Parce que tu sais, dans une chambre, au deuxième étage, j'ai vu une poupée et puis…
Sa mère l'arrête :
– Laura, au moins, tu n'as pas été

fouiller partout ? Reste tranquille ! Ta grand-tante a eu la gentillesse de te prendre chez elle, ça nous rend service, ne va pas faire l'indiscrète !

– Mais oui maman, n'aie pas peur, mais dis-moi, quand même, cette chambre d'enfant, au deuxième...

– Je n'en sais rien à la fin ! Je te l'ai déjà dit. Je ne suis jamais montée dans les étages et je n'ai jamais posé de questions moi ! Ta grand-tante a dit oui rien que pour nous faire plaisir. Si j'avais su que tu fourrerais ton nez partout, je n'aurais rien demandé !

– Mais, maman, ne t'énerve pas !

– Bon, excuse-moi, mais tu sais, les rapports avec Tantine n'ont jamais été faciles. Je lui ai demandé de te prendre chez elle parce que je me suis rendu compte que ces trajets en car, tous les matins, très tôt, te fatiguaient beaucoup et puis d'être toujours avec ton petit frère, dans la même chambre, ça n'était pas bon pour tes études. Alors ne fais rien qui puisse indisposer Tantine. Tu comprends ?

– Bien sûr maman, bien sûr, mais quand même, j'aurais voulu savoir !

Et, se rendant compte qu'elle ne pourra plus rien tirer de sa mère, elle quitte la cuisine et, mine de rien, se dirige vers la salle à manger, ouvre sans aucun bruit le tiroir du petit meuble sous la télévision et sort, avec précaution, un vieil album de photographies à l'épaisse couverture rouge. Elle commence à le feuilleter rapidement quand une voix stridente, perçante, épouvantable et qui lui porte toujours sur les nerfs, hurle à travers la pièce :

– Maman, maman, Laura fouille dans tes affaires !

Son petit frère, à moitié dissimulé derrière la porte, la surveille de loin.

– Cafteur ! Qu'est-ce que tu as encore à dire ? Va-t'en, sale mouchard !

Leur mère surgit.

– Qu'est-ce qui se passe encore ?

– Laura fouille dans tes affaires ! répète Jeannot d'une voix plus faible.

– Laura, vraiment, tu es incorrigible ! Qu'est-ce que tu cherches ?

– Une photo de Tantine petite fille et de grand-mère. Tu ne veux pas m'aider ? ajoute-t-elle avec une petite moue attendrissante.

– Bon d'accord. Venez tous les deux vous installer près de moi, sur la banquette, et toi, Jeannot, ce n'est pas la peine de me rapporter, à chaque fois, ce que fait ta sœur !

Encadrée par ses deux enfants, la jeune femme tourne lentement les pages du vieil album. Elle s'arrête et met le doigt sous une photographie.

– Tenez, là, c'est moi, à cinq ans, avec ma mère dans la cour de notre maison, à Amiens. A côté c'est mon père. Il était brodeur.

Puis elle montre une autre photographie.

– Regardez la petite fille avec ses longues nattes. C'est Tantine. L'autre, la grande jeune fille en robe blanche, c'est votre grand-mère Estelle.

– Et la troisième fille qui ressemble tellement à Tantine ? demande Jeannot.

– C'est Marguerite !

En entendant le prénom lancé hier par Tantine dans le salon de la vieille maison, Laura sent son cœur bondir dans sa poitrine. Elle pâlit, rougit et demande d'une voix blanche :

– Cette Marguerite, qui est-ce ?

– La sœur jumelle de Tantine. On ne vous en a jamais parlé. Vous étiez trop petits pour en comprendre la raison, mais maintenant je peux vous la dire. Marguerite est morte vers quatorze-quinze ans, enfin je n'ai jamais su exactement. Tantine a eu un énorme chagrin, alors, pour ne pas lui rappeler ce triste souvenir et raviver sa peine, on ne parle plus jamais de Marguerite. Vous comprenez ? Ma mère non plus n'en parlait pas. J'ai appris l'existence de Marguerite comme vous, un peu par hasard, en regardant de vieilles photos. Enfin, tout ça c'est le passé !

Et elle tourne la page de l'album en ajoutant d'une voix sévère :

– Vous avez bien compris, quand vous verrez Tantine, ne dites rien !

Et elle met le doigt sous une autre photographie.

– Là, derrière son bureau, c'est votre arrière-grand-père. Il était très strict. J'en avais un peu peur. Je l'ai à peine connu. Ma mère n'en racontait pas grand-chose. Ils étaient brouillés, je crois. Je ne sais pas pourquoi. Alors Laura, tu m'écoutes ou tu rêves ?

Laura ne répond pas tout de suite puis, comme sortant d'une longue méditation, demande en cherchant ses mots :

– Maman, dis-moi, mais sans te fâcher, Marguerite, tu es certaine qu'elle est morte ?

– Ah, Laura, tu ne vas pas te remettre à faire l'idiote ! Bien sûr qu'elle est morte ! De maladie je crois. Et puis à la fin tu m'embêtes avec tes questions stupides ! Si tu ne crois pas ce que je te dis, eh bien regarde-le toute seule, cet album !

Et, furieuse, elle se lève et quitte la pièce. Jeannot, qui n'a pas ouvert la bouche durant la dispute, continue de tourner les pages. Sa sœur soudain l'arrête d'un geste.

– Montre-moi cette photo !

Elle lui arrache l'album des mains. Il se met à hurler. Laura n'y prête nulle attention. Sur une photographie jaunie trois filles la regardent de leurs grands yeux tristes. La première, debout, tient d'une main un cerceau et de l'autre un court bâton, la deuxième, assise sur une petite chaise, feuillette un livre d'images et la troisième serre contre son cœur la grande poupée de porcelaine qu'elle a vue dans la chambre rose !

Laura bondit de la banquette et, sans s'occuper des hurlements de Jeannot, court vers sa chambre, tire les rideaux qui l'isolent de la partie réservée à son frère, s'allonge sur le lit et, les yeux perdus dans un paysage immensément vide, se met à rêver : « Ainsi, Tantine avait une sœur jumelle, Marguerite ! Cette Marguerite me ressemble terriblement. Ça m'a frappée. Maman croit qu'elle est morte. Je suis certaine qu'il n'en est rien ! C'est elle qui rôde dans la maison, qui habite la chambre au-dessous de la mienne. Elle est peut-être un peu… un peu folle ! Voilà pourquoi Tantine ne veut pas qu'on quitte le salon quand nous allons chez elle, et pourquoi elle ferme toutes les portes. Si on la rencontrait ! Ou alors, c'est… c'est que cette Marguerite s'est transformée en… en fant… » Laura n'ose achever sa phrase. Elle revoit la forme blanche devant le piano, imagine une jambe invisible qui lui fait un croche-pied dans l'escalier, une main transparente flottant dans le couloir et s'approchant de ses cheveux.

Peu à peu, les yeux de Laura, épuisée par sa longue journée, se ferment. Elle aperçoit encore une poupée qui s'envole dans les airs, des dragons sortant d'un buffet et crachant des flammes, des chats gros comme des éléphants en équilibre sur un mur. Une affreuse sorcière, armée d'une canne à pommeau d'argent, les fait danser, debout sur leurs pattes arrière. Elle va pousser un cri de terreur quand une voix lointaine, stridente, hurle dans ses oreilles :

– Laura, à table. Papa est rentré !

Chapitre 3

Le lundi suivant, en classe, Laura, assise près de son amie, écoute à peine madame Boquet qui n'en finit pas d'expliquer les règles d'accord des participes passés. De temps en temps, elle jette un coup d'œil à Barbara qui griffonne des bonshommes sur la couverture de son classeur.

Son regard remonte vers les grandes fenêtres et se perd dans l'immense ciel bleu où se balancent les érables dénudés : « J'espère que Tantine ne reviendra pas trop tôt. Et si je me trouve face à face avec Marguerite ou... ou l'autre, son double, son fantôme... qu'est-ce que je ferai ? »

– Laura, tu rêves ? Donne-moi un exemple d'accord de participe passé employé avec l'auxiliaire être !

– Euh, euh, je suis, je suis...

– Tu es quoi ? Partie, loin d'ici, dans la lune ou quoi ? J'attends !

– Ben Madame, je suis, je suis...

– Bon j'ai compris ! Tu es encore à des années-lumière de cette classe. Barbara tu veux bien aider ta voisine ?

– Certainement Madame. Les hirondelles sont parties en avance cette année. Parties, i, e, s.

– C'est très bien ! Pour tous maintenant et par écrit l'exercice 136 dans vos livres ! Allez, au travail et en silence ! Je ramasserai les feuilles à la fin de l'heure.

Laura mâchonne le bout usé de son stylobille, regarde sa voisine, sa feuille quadrillée, son livre, écrit, perd le fil de l'exercice. Elle est si loin, si loin, près d'une petite fille serrant contre son cœur une poupée de porcelaine, si loin, dans une chambre rose où flottent des bergères en robes bouffantes, des bergers dissimulés derrière des arbres...

Une sonnerie horrible la tire de sa longue rêverie. A toute vitesse, elle ramasse ses affaires, tend, en sortant de la classe, une feuille presque entièrement blanche à son professeur et se précipite dans la cour. Barbara a juste le temps de la rattraper à la grille.

– Eh, arrête ! Tu es drôlement pressée !

– Si Tantine rentrait plus tôt que prévu ! Alors tu viens avec moi ?

– Impossible ! Maman m'attend aux Grandes-Galeries. Comme il n'y a pas de cours cet après-midi, elle a décidé que nous en profiterions pour faire des achats. Je n'ai plus rien à me mettre !

– J'ai compris. Lâcheuse !

D'un coup d'épaule Laura rétablit son sac sur son dos et se dirige à grands pas vers la maison de sa grand-tante. Elle ralentit à mesure qu'elle approche et serre de plus en plus fort la clef que la vieille dame lui a confiée. Elle grimpe prudemment le perron et sonne longuement afin de vérifier si sa grand-tante est bien absente. Elle attend un bon bout de temps en cherchant dans sa tête une excuse pour le cas où la vieille dame serait déjà de retour. Personne ne répond. Elle tourne la clef dans la serrure, ouvre sans faire aucun bruit, s'arrête brusquement : « Zut, j'ai été stupide de sonner. Si Marguerite… enfin si l'autre a entendu, il ira se cacher et… » Laura ne sait plus quoi faire. Elle hésite, fait un pas en arrière vers le perron, s'immobilise, tend l'oreille puis revient dans le couloir. « Bon, tant pis, j'y vais ! » Elle s'avance à pas de loup, s'arrête encore, écoute en retenant sa respiration. La grande maison semble complètement morte. Pas le moindre craquement, le moindre froissement, le moindre miaulement. Une grotte sous-marine sans aucune vie. Si, faiblement, très loin, le toc-toc régulier d'une goutte d'eau dans l'évier. En prenant soin de ne heurter aucun objet qui encombre le couloir, elle se glisse dans cette direction, entre prudemment. La cuisine est vide. Elle jette un coup d'œil dans le jardin. Personne. Elle prend alors le long corridor qui mène au salon, s'arrête devant chaque porte, tente d'ouvrir. Elles sont toutes verrouillées. Elle se penche et regarde par le trou de leur serrure, ne distingue pratiquement rien sinon de vagues reflets sur des meubles, des glaces, des bibelots. « Tous les rideaux ont dû être tirés. Tantine ne doit jamais venir dans ces pièces, ou alors c'est que l'autre ne supporte pas la lumière ! » En pensant à l'autre elle se fige, n'ose plus tourner la tête. Elle écoute, écoute. Pas le moindre bruit.

Laura se détend et s'approche alors d'un cadre ovale accroché entre deux portes. Sur une photographie un peu jaunie, elle distingue trois jeunes filles appuyées contre le capot d'une automobile. Elles portent d'étranges chapeaux ronds enfoncés sur le front, de longs manteaux à col droit, boutonnés jusqu'en bas, et, aux pieds, d'élégantes chaussures à brides et à talons hauts. Toutes les trois tiennent sous le bras un petit sac carré. Deux d'entre elles se ressemblent étrangement : « Marguerite et Tantine », murmure Laura. Un peu détachée du groupe qu'elles forment, la troisième, plus âgée, les regarde avec tendresse. « Ma grand-mère », pense-t-elle. Assis derrière le volant, un homme puissant, coiffé d'un feutre noir à large bord, la moustache bien taillée, observe les deux plus jeunes qui semblent rire en se poussant du coude. Fascinée, Laura contemple longtemps la photo. Elle voudrait bien savoir ce qui se passe dans la tête de cette grande sœur : « Elle regarde Marguerite et Tantine avec tant d'amour et elles, les jumelles, elles paraissent si heureuses, si complices ! Moi aussi j'aurais aimé avoir une sœur. On aurait pu jouer ensemble, partager nos secrets, discuter tard dans la nuit, rire, alors qu'avec Jeannot ! Il ne pense qu'au football et aux dessins animés ! »

Laura pousse un gros soupir et marche vers le salon dont la porte est restée entrouverte. La pièce est mieux éclairée que la veille. « Il est plus tôt qu'hier », se dit-elle en jetant un rapide coup d'œil dans tous les recoins du salon pour s'assurer qu'il est bien vide, s'approche du piano endormi, bouche ouverte, caresse son dos luisant, aperçoit une photo posée près du pupitre, la saisit. Le verre de son cadre est brisé. Des éclats sont restés dans les coins. Elle l'oriente vers la fenêtre d'où tombe une lumière mousseuse. Elle se trouve face à face avec une jeune fille aux cheveux relevés en chignon : « Marguerite ! Vraiment elle me ressemble ! La même bouche aux lèvres ourlées, le même nez un peu rond, les mêmes yeux, mais pourquoi paraît-elle si triste ? Sur l'autre photo elle était si gaie ! »

Laura repose la photographie et se penche vers le pupitre pour lire le titre de la partition qui s'y trouve encore : *Marche des petits pierrots, pièce à quatre mains.* « A quatre mains ! répète tout bas Laura. Mais pourquoi Tantine utilise-t-elle une partition pour quatre mains ? » Son cœur s'arrête de battre : « Pour jouer avec l'autre, pardi ! » Durant quelques instants elle n'ose plus faire un seul mouvement et tout son être se transforme en une immense oreille tendue vers le couloir. Aucun bruit. Elle se ressaisit et sort de la pièce.

« Il faut absolument que je visite les étages et surtout la chambre rose ! » Arrivée au pied de l'escalier, elle s'immobilise. Il lui semble avoir entendu, très loin, comme un bruit de pas ou le claquement très faible d'une porte. Elle attend que le bruit se renouvelle. Plus rien. Elle grimpe lentement en essayant de ne pas faire grincer les marches, atteint le fameux palier et s'arrête. La porte rose est devant elle, mystérieuse, attirante, repoussante, infranchissable, et pourtant il faut bien qu'elle l'ouvre si elle veut savoir, si elle veut entrer dans l'inconnu ! Elle se penche pour regarder par le trou de la serrure. La chambre est vide. Elle tourne lentement, très lentement le bouton. La porte s'entrouvre. Laura n'ose franchir son seuil. Elle a

envie de fuir, de hurler. Enfin elle se décide. La pièce est bien vide. Immensément soulagée et un peu déçue, elle fait un pas dans la chambre rose. Une grande fenêtre, prolongée par un balcon en fer forgé, éclaire la pièce d'une belle lumière vaporeuse, tamisée par un rideau de tulle légèrement ouvert. La fenêtre domine le jardin et surplombe directement la marquise de verre. Les deux lits jumeaux, serrés l'un contre l'autre, sont recouverts d'un couvre-pied rose. La poupée de porcelaine a disparu.

De chaque côté des lits, de hautes tables de nuit en bois rose portent de charmantes lampes de chevet aux abat-jour en mousseline. Enfin, deux bureaux encadrent la fenêtre. Sur l'un d'entre eux, devant une photographie, est posé un bouquet de marguerites blanches fraîchement coupées. Laura se penche pour regarder de plus près la photo quand un craquement du plancher, dans son dos, la transforme en statue. Elle n'ose plus faire un geste, plus respirer. Qui est là, qui va parler ? Elle n'ose se retourner. Elle voudrait s'anéantir, disparaître, se recroqueviller complètement autour de son cœur. Elle attend, attend. Quelle voix inconnue va retentir ?

– Laura, mais qu'est-ce que tu fais là ?

La voix de Tantine ! Laura émerge d'un gouffre sans fond et répond affreusement gênée :

– Je cherchais, je voulais...

Elle ne sait comment continuer, bafouille lamentablement. Des larmes lui montent aux yeux et elle s'écroule en sanglotant sur le lit. La vieille dame se précipite, le chapeau encore sur la tête, s'assoit près d'elle, lui prend la main et dit d'une voix très douce :

– Là, là, c'est tout mon petit ! Je t'ai fait peur ! Qu'est-ce que tu cherchais dans cette chambre ?

A bout de nerfs, Laura répond d'une petite voix entrecoupée de sanglots :

– Je voulais savoir si, si... Marguerite...

Elle ne peut achever et se remet à pleurer.

La vieille dame sort un mouchoir de la poche de son manteau noir et le lui tend. Elle retire son chapeau, le pose sur le lit, prend l'adolescente par les épaules et demande gentiment :

– Qui t'a parlé de Marguerite ? Ta mère ? Les photos ?

Laura renifle, essuie ses larmes et répond :

– Maman, un peu, mais surtout je croyais que Marguerite était, était… (Laura hésite sur un mot puis finit par dire :) … était encore vivante !

– Marguerite encore vivante ! Je le voudrais tellement ! Mais elle est morte, il y a plus de soixante ans ! Qu'est-ce qui a pu te mettre cette idée dans la tête ? Cette maison si remplie de son souvenir, de sa présence ? Je comprends, je comprends ! Moi aussi, parfois, je me demande si elle n'est pas encore là. Je comprends, je comprends ! répète la vieille dame. (Puis, après un temps de silence, elle ajoute :) J'ai eu tant de chagrin à la mort de ma sœur. Je n'en parle jamais, à personne, mais tu lui ressembles tellement. Quand ta mère m'a demandé si je voulais bien te prendre à la maison, j'ai longtemps hésité. Tu me rappelais trop de souvenirs. Puis j'ai pensé que ta présence mettrait un peu de gaieté... que je pourrais retrouver un peu de bonheur. Tu comprends ? J'aimais si fort Marguerite. Nous étions si proches.

La vieille dame se tait, s'écarte un peu de Laura, regarde vers la fenêtre comme perdue dans un lointain souvenir.

Laura, qui a recouvré ses esprits durant le long monologue de sa grand-tante et redoute de se laisser aller à un attendrissement qui la ferait encore pleurer, demande vivement :

– Marguerite, de quoi est-elle morte ?

La vieille dame, comme brûlée au fer rouge, sursaute, se lève brusquement, marche vers la fenêtre, écarte les rideaux, regarde longuement le jardin et sans se retourner répond d'une drôle de voix :

– De maladie ! (Et elle ajoute tout aussitôt, comme pour clore cette discussion :)

Descendons maintenant. On a assez parlé du passé ! On va goûter.

Et sans laisser à Laura le temps de placer un seul mot, elle quitte la pièce en lançant d'une voix faussement enjouée :

– Et cette fois tu auras du Coca-Cola. Je viens d'en acheter !

Laura, surprise par l'attitude de sa grand-tante, reste un instant assise sur le lit, regarde encore la chambre, les lits jumeaux. Il lui semble que ce lieu si paisible, si poignant avec son petit bouquet de marguerites devant la photographie, n'a pourtant pas livré tous ses mystères. Il y flotte encore comme une question non résolue : « Pourquoi Tantine a-t-elle sursauté quand je lui ai demandé de quoi était morte sa sœur jumelle ? C'était pourtant tout naturel. A-t-elle réagi comme ça parce que ma question a réveillé son chagrin ou bien est-ce à cause d'autre chose ? »

Laura songeuse jette un dernier regard à la photographie et sort de la chambre en refermant doucement la porte.

Le lendemain matin, Barbara, entièrement habillée de neuf, attend, appuyée à la grille du collège, l'arrivée de sa grande copine. Celle-ci apparaît en courant au bout de l'allée et crie au loin :

– J'ai du nouveau !

– Moi aussi ! répond Barbara en se précipitant à sa rencontre.

Elle s'arrête à quelques mètres de son amie afin que celle-ci puisse admirer sa nouvelle tenue, mais Laura ne remarque rien, ne fait aucune réflexion et dit, sans reprendre sa respiration :

– Barbara, Tantine a une sœur jumelle, Marguerite ! Remarque, je m'en doutais, mais j'ai préféré en être sûre avant de t'en parler.

– Comment ça tu t'en doutais ? Hier tu parlais de fantôme !

– Je disais ça pour te faire peur ! En fait c'est sa sœur jumelle qu'elle cache !

– Tu l'as vue ?

– Non ! Tantine et maman me disent

qu'elle est morte, mais je crois qu'il n'en est rien !
– Comment ça ? Qu'est-ce que tu vas encore inventer ?
– Rien du tout ! Quand j'ai demandé à ma grand-tante de quoi sa sœur était morte, elle m'a répondu d'une si drôle de façon que je suis certaine qu'elle mentait ! Cette pauvre Marguerite est peut-être enfermée quelque part. On la séquestre parce que...
– Laura arrête ! Tu inventes encore ! Regarde plutôt ma nouvelle tenue. Elle te plaît ?
– Oui, pas mal. Ton pull est trop jaune à mon goût mais, dis-moi Barbara, tu viendrais avec moi jusqu'au cimetière vendredi, après les cours ?
– Au cimetière ? Mais qu'est-ce que tu veux aller faire au cimetière ? Vraiment tu es devenue complètement cinglée ma pauvre Laura ! Et mon jean, tu l'aimes ?
– On irait vérifier si Marguerite est bien morte.
– Encore cette Marguerite ! Tu m'embêtes à la fin. Non, je n'irai pas avec toi !

– Bon, n'en parlons plus ! Mais je trouve que ton pull ne va vraiment pas avec ce jean. Ça fait complètement démodé ! Tu aurais dû choisir une large jupe noire. C'est bien plus chic !

Et Laura quitte brusquement son amie pour se diriger vers un groupe de garçons et de filles qui discutent avec animation de l'autre côté de la grille.

Barbara, un instant sans réaction, court après sa copine, la rattrape et lui dit d'une petite voix attristée :

– Comme tu es bizarre ces temps-ci ! On ne va tout de même pas se fâcher pour une histoire de jean et de cimetière. Tu veux qu'on en reparle tout à l'heure, à la récréation ?

Chapitre 4

La petite ville, abritée sous un ciel bas, très gris, ressemble à une cité miniature enfermée dans un globe de verre. Il suffirait d'un souffle de vent, d'un mouvement du poignet pour que la neige tombe à gros flocons.

Laura et Barbara avancent rapidement dans les allées du parc, abordent des rues étroites flanquées de maisons basses en briques rouges. Les caniveaux charrient une eau sale, blanchâtre, que Laura libère de la pointe du pied quand elle s'accumule derrière un barrage de feuilles mortes.

– Merci, Barbara, d'être venue avec moi. J'avais un peu la frousse d'y aller toute seule.
– Bon, n'en parlons plus. Mais je te préviens, à cinq heures je rentre. Je ne veux pas louper mon car !
– T'inquiète pas, il n'est que quatre heures. On a tout le temps ! répond Laura en grimpant une rue très raide qui débouche devant les grilles du cimetière.
– C'est grand, il y en a des tombes ! murmure Barbara en contemplant le moutonnement lugubre des croix. Comment on va trouver celle de Marguerite ?
– On va demander au gardien, pardi ! Sa maison est là-bas, juste à l'entrée.

Laura pousse la grille, se dirige vers un joli pavillon blanc, fleuri de géraniums rouges et de gros chrysanthèmes boule-de-neige. Elle frappe au carreau. La porte s'ouvre. Un gros bonhomme en salopette bleue et au visage affreusement mutilé demande d'un ton bourru :

– Qu'est-ce que vous voulez ?

Laura, comme hypnotisée par le visage du gardien, balbutie :

– La tombe de Marguerite !

– Hein, quoi ? La tombe de Marguerite ? C'est pas un nom de famille, ça !

Laura s'efforce de recouvrer ses esprits, galope dans sa mémoire à la recherche du nom de sa grand-tante, ne le retrouve plus. L'homme se tourne alors vers Barbara qui, encore plus effrayée que son amie, regarde ailleurs, vers les labours qui, au loin, se teintent d'ombres noires.

– Alors quoi, vous répondez, nom d'un chien ! C'est-y une blague ou quoi ?

Laura hurle :

– La tombe des Téligny !

Barbara sursaute si fort qu'elle en ressent un violent pincement dans la poitrine. L'homme se retourne d'un bloc sur Laura, la regarde d'un œil soupçonneux, réfléchit en fermant à demi les yeux, caresse longuement son menton mal rasé et grommelle :

– Les Téligny, les Téligny ? Ah oui, j'y

suis, j'ai enterré le père il y a un bon bout de temps. Qu'est-ce que vous leur voulez aux Téligny ?

– Mais, Monsieur, je suis leur arrière-petite-fille ! répond Laura d'un petit air supérieur.

– Ah, une parente ! Excusez ! Je croyais qu'il n'y avait plus que la vieille Georgette dans la famille. Suivez-moi. Je vais vous montrer la tombe.

L'homme sort lourdement de sa maison, s'arrête sous la véranda, tend le bras dans la direction d'un calvaire, au croisement de plusieurs allées.

– Vous allez vers la grande croix là-bas, vous prenez ensuite l'allée juste derrière puis la deuxième à gauche, en descendant. Près d'une colonne brisée vous trouverez la tombe des Téligny. C'est inscrit dessus ! Bon, je rentre. Il fait froid en plein vent !

Les deux filles font quelques mètres en silence, puis Barbara explose :

– T'as vu, c'est un monstre ! Il n'a plus de nez !

– Oui, il m'a flanqué une de ces frousses ! Je ne trouvais plus mes mots.

– C'est affreux de rester comme ça. Il devrait mettre un masque ou se faire opérer.

– Bah, tu sais, il doit se dire qu'ici il n'y a plus que des morts pour le regarder, alors !

– Vraiment Laura tu es horrible ! Tu ne respectes rien. Le pauvre, il a dû perdre son nez à la guerre ou dans un accident. Et toi tu te moques de lui !

– Bon, d'accord, j'ai tort. On ne va tout de même pas se disputer pour une histoire de nez ! répond Laura en contournant le calvaire.

Les deux filles quittent bientôt l'allée en apercevant la colonne brisée, se faufilent entre les tombes et s'arrêtent devant un monument en granit poli surmonté d'une large croix où des noms sont inscrits. Laura lit à voix basse :

ROSE TÉLIGNY 1874-1916.

MARGUERITE TÉLIGNY 1910-1927.

GUSTAVE TÉLIGNY 1879-1947.

– Alors, tu vois bien, elle est morte ta

Marguerite ! lance Barbara d'une voix soulagée. Allez viens maintenant, on s'en va, tu as vu ce que tu voulais voir. Dépêchons-nous sinon on va rater le car.

– Attends !

– Quoi encore ? Qu'est-ce que tu vas encore inventer ?

Laura, pour cacher sa déception, fait semblant de relire les noms puis compte sur ses doigts.

– Qu'est-ce que tu fais ?

– Ah, laisse-moi ! Je calcule à quel âge est morte Marguerite

– Vraiment c'est pas difficile. Vingt-sept moins dix égale dix-sept. Tu n'as pas besoin de tes doigts pour calculer ça !

Laura ne répond rien. Une grande tristesse l'a envahie.

« Elle est morte à dix-sept ans ! Comme ils ont dû avoir du chagrin. Si Jeannot mourait... »

Des larmes lui montent aux yeux. Elle regarde très loin. Les peupliers dansent si légèrement dans l'air si pur, si fragile.

La vie, la vie. L'odeur si forte des chrysanthèmes au bord des tombes, si présent le cri soudain d'un merle, dans la haie de fusains, près du calvaire.

– Tiens, des jeunes filles sur la tombe des Téligny !

Barbara et Laura se retournent en même temps. Un vieux monsieur élégant, en pardessus de loden et petit chapeau rond, se tient derrière elles, un bouquet de marguerites à la main. Il leur sourit et ajoute :

– Je vous ai fait peur ? Excusez-moi. Vous êtes de la famille des Téligny ?

Laura répond en bafouillant :

– On est, je suis la petite-fille, non la petite-cousine, enfin l'arrière…

Laura s'embrouille dans ses liens de parenté et n'arrive plus à terminer sa phrase.

– Enfin c'est compliqué ! Vous êtes peut-être la petite-nièce de Marguerite. Vous lui ressemblez beaucoup, vous savez ! On vous l'a déjà dit ?

– Oui, ma grand-tante. Et je m'en suis

aperçue en regardant des photos. Je suis avec mon amie Barbara.

Puis, excitée par cette rencontre inattendue qui la remet sur la piste de Marguerite, elle ajoute tout aussitôt d'une voix enjôleuse :

– Vous l'avez connue, ma grand-tante Marguerite ?

Après un instant de silence, le vieux monsieur répond d'un ton mélancolique, en regardant ailleurs :

– Oui, je l'ai bien connue. On travaillait dans la même banque, dans le même bureau ; avec votre autre grand-tante d'ailleurs. Comme elles étaient jolies les petites Téligny, comme on disait. Tous les garçons en étaient amoureux vous savez !

Le vieux monsieur s'arrête un instant et ajoute d'une voix très basse :

– Ah s'il n'y avait pas eu cet affreux accident !

– Un accident ? Quel accident ? demande vivement Laura, soudain tendue et infiniment attentive.

Le vieil homme va répondre quand il

s'aperçoit du changement dans le ton et l'attitude de l'adolescente. Il arrête net la réponse qui montait sur ses lèvres et dit à la place, avec une sorte de gêne :

– Je dois rentrer. Il fait froid. Mes amitiés à votre grand-tante.

Et il s'éloigne rapidement entre les tombes, son bouquet de marguerites à la main. Un instant, Laura ressent la furieuse envie de courir après lui et de lui demander des explications. Elle devine que ce serait inutile, que l'homme n'ajouterait rien, alors elle se tourne vers Barbara :

– Tu as entendu ?

– Quoi encore ?

– Mais le vieux pardi ! Il a parlé d'un « terrible accident ». Qu'est-ce que ça veut dire ? Il faut que je sache ! Je ne m'étais pas trompée quand je te disais que ma grand-tante m'avait menti. Je l'ai senti. J'ai du flair pour ça ! Il y a vraiment du mystère dans la mort de Marguerite ! On va essayer d'interroger le gardien du cimetière. Allez viens !

– Quoi ! Revoir ce monstre ? Ah non,

jamais ! Et puis on n'a plus le temps. Il fait presque nuit. Les cars vont partir !

– Mais non, on a encore une bonne demi-heure. Ça suffira !

Laura esquisse un signe de croix et remonte rapidement vers la maison du gardien, suivie de Barbara qui ronchonne en se déhanchant entre les tombes. L'homme est sous la véranda. Il a enfilé une canadienne usagée, déchirée aux poches et aux boutonnières. Il semble attendre les filles et les interpelle de loin :

– Alors, vous les avez trouvés, les Téligny ?

Les filles ralentissent, regardent en direction du pavillon. Barbara murmure à sa copine :

– T'as vu ? On dirait qu'il a mis un faux nez !

– Mais oui, t'as raison ! Avec ça il est encore plus affreux que tout à l'heure. On dirait un vieux clown triste.

Arrivée près du bonhomme, Laura change complètement de visage, sourit et répond d'une voix câline :

– Oui, nous avons trouvé la tombe et rencontré un monsieur charmant qui avait bien connu ma grand-tante Marguerite Téligny. Et vous, vous l'avez connue ?

– Un peu. Son père surtout. Il avait fait la guerre de Quatorze, moi celle d'après, celle de Trente-neuf. C'est là que j'ai perdu mon nez. Dans les Ardennes. Ça a chauffé dur ! Enfin c'est de la vieille histoire qui n'intéresse pas la jeunesse.

– Détrompez-vous, ça m'intéresse ! réplique Laura avec assurance et une imperceptible pointe d'ironie.

Elle ajoute, trop contente du tour qu'a pris la conversation :

– Et alors la fille de monsieur Téligny, Marguerite, vous l'avez rencontrée souvent ?

– Souvent, non ! Elle est morte avant guerre, comme vous savez. J'étais très jeune, apprenti chez un maçon. On ne fréquentait pas le même monde. Je la voyais de loin, dans le parc, quand je passais près de leur maison. Elle sortait parfois avec un employé comme ce monsieur Corneille que vous avez croisé. C'est qu'elles étaient mignonnes, les demoiselles Téligny. Beaucoup de garçons lorgnaient après. Mais c'était pas du mouron pour nous, les ouvriers. D'ailleurs leur père les surveillait de près. Diable ! il y tenait à ses petites. Il était veuf ! Et puis un sous-directeur à la Cotonnière, ça veut un beau parti pour ses filles. Moi j'étais trop jeune pour me mettre sur les rangs, pourtant j'étais beau garçon à c'temps-là, j'avais un nez !

Et l'homme éclate d'un gros rire goguenard en guignant Laura qui durant ce long monologue bout d'impatience, espérant à chaque instant que le gardien en viendra à parler de l'accident. Mais non ! L'homme est parti dans ses souvenirs ; impossible de l'arrêter. Alors elle demande brutalement, en évitant de le regarder :

– Mais dites-moi, Monsieur, ma grand-tante Marguerite, elle est bien morte d'un accident ? Je ne me souviens plus très bien de ce que m'a dit ma grand-tante Georgette !

Laura glisse un regard en biais vers sa copine qui hausse les épaules et commence à faire quelques pas vers la grille du cimetière.

L'homme, pris de court par cette question directe, ne répond pas tout de suite, semble rassembler ses souvenirs et enfin dit, comme à regret :

– Elle a culbuté de son balcon. C'est-y pas dommage, une si belle fille !

Laura, clouée sur place par cette révélation, reste quelques instants sans réaction puis, impatiente d'en savoir plus, demande d'une voix anxieuse :

– Mais comment ça ? Que s'est-il passé ?

– Comment ça, comment ça, je ne sais pas, moi ! Demandez à votre grand-tantc. Ellc doit savoir, elle !

Laura sent des fourmis qui lui montent dans les mains, les pieds. Son cœur bat à tout rompre. Elle devine qu'elle approche de la solution. Bien sûr que tous cherchaient à lui cacher la vérité.

Tous ! Tantine, sa mère, le vieux monsieur, tous ! Encore un petit effort, encore un peu d'astuce et elle saura. En tremblant presque elle répond :

– Vous savez que ma grand-tante n'en parle guère. Elle a eu tellement de chagrin !

– Je le sais pour sûr ! Il ne se passe pas une semaine sans qu'elle vienne au cimetière avec des marguerites blanches. Elle en fait pousser dans son jardin, m'a-t-elle dit un jour. Elle réussit d'ailleurs mieux que moi. Moi, c'est plutôt dans le chrysanthème que j'ai du succès. Normal, hein, pour un gardien de cimetière !

Barbara s'impatiente de plus en plus. L'ombre du calvaire s'étend sur les tombes. Le froid devient plus vif. Déjà, à l'horizon, on voit briller les lampes des grosses fermes. Un long panache de fumée s'étire de la cheminée d'une sucrerie lointaine et accroche les derniers rayons du soleil en train de disparaître.

Laura ne sait plus comment remettre

le vieux bonhomme sur les rails de ses souvenirs. Elle décide d'accélérer les choses, sans quoi elles vont rater leur car.

– Alors, cet accident, sur le balcon, comment ça s'est passé ?

– Quoi donc ? Quel accident ?

– Mais celui de ma grand-tante !

– Ah, petite demoiselle, si votre grand-tante ne vous a rien dit, c'est pas à moi de parler !

Laura, désarçonnée par cette réplique brutale, ne sait plus quoi dire. Elle insiste encore !

– S'il vous plaît, Monsieur, dites-moi !

– Mais j'en sais rien ma tiote ! On dirait que tu veux me tirer les vers du nez et avec moi, c'est pas possible !

Le bonhomme part d'un gros rire qui fait trembler son ventre sous la canadienne. Laura le regarde, interdite, muette, désemparée et furieuse. Elle se dit qu'elle ne pourra plus rien tirer de ce clown effrayant qui se permet maintenant de la tutoyer, et lance alors un « Au revoir merci beaucoup » un peu méprisant puis rattrape Barbara qui a déjà atteint la sortie. Le bonhomme, avant de rentrer chez lui, crie de loin :

– Fermez bien la grille, sinon elle va claquer, avec ce vent !

Laura, toujours furieuse, sort en laissant la grille grande ouverte. Barbara veut la refermer.

– Laisse, ça lui apprendra à ce vieux, ce vieux...

– Oui, on a compris ! Tu es en colère après lui parce qu'il n'a rien voulu dire. Comment tu vas faire, maintenant ?

– Je trouverai bien un moyen.

Laura va ajouter quelque chose quand cinq coups lugubres basculent du clocher en zinc de l'hôtel de ville. Les deux filles se mettent à courir et, emportées par la pente, disparaissent dans la demi-obscurité qui a envahi les rues.

Chapitre 5

Le car roule dans la nuit, illuminant parfois de grands peupliers vides ou des pyramides de betteraves. Laura, les yeux perdus dans l'immensité noire, réfléchit intensément. « Ainsi, Marguerite est morte accidentellement en tombant du balcon de la chambre rose. Alors pourquoi Tantine m'a-t-elle raconté qu'elle était morte de maladie ? C'est vraiment bizarre. Qu'est-ce que ça cache ? Et les deux vieux au cimetière, ils paraissaient en savoir plus que ce qu'ils ont bien voulu dire. Qu'est-ce qu'on ne veut pas que je découvre ? Ça m'agace, à la fin, tous ces mystères ! Comment faire pour en savoir plus ? Demander à maman ? Elle va encore m'envoyer sur les roses. D'ailleurs elle doit complètement ignorer que Marguerite est morte en tombant du balcon. Elle croit qu'elle est morte de maladie, sans quoi elle n'aurait jamais demandé à Tantine de me prendre chez elle. Inutile de lui en parler, les histoires de famille ne l'ont jamais intéressée. Parfois j'ai même l'impression qu'elle est contente de ne rien savoir. Peut-être pour mieux se détacher de tous ses souvenirs. Elle n'a peut-être jamais été heureuse chez elle quand elle était petite. Elle se sent peut-être plus libre en ignorant tout de cette histoire, alors que moi ! Pourquoi cette Marguerite m'attire tant ? Parce qu'elle me ressemble ? On devait avoir les mêmes goûts : les poupées, le piano. Est-ce qu'elle aimait lire ? Tenait-elle un journal ? » A ce mot, Laura pousse un grand cri intérieur. « Le journal ! Mais c'est ça ma nouvelle piste ! Marguerite ou ma grand-mère en tenaient peut-être un. Il faut absolument que je le trouve ! Où ? Chez nous, dans le grenier ! Maman y a entassé toutes les affaires de sa mère, sans même les regarder je suis sûre. J'ai vu les cartons quand j'ai été chercher les guirlandes de Noël. »

Laura, bouillante d'impatience, complètement réveillée, s'est précipitée à l'avant du car et, assise sur le bout des fesses, attend le prochain arrêt. Le château d'eau, d'un blanc laiteux, se profile sur un horizon de petites collines noires. Le car freine brutalement au centre du bourg, la porte s'ouvre, Laura bondit et, sans même dire au revoir à ses copines, s'enfonce dans la nuit.

Une délicieuse odeur de rôti de porc la saisit dès qu'elle pousse la porte de la cuisine. Elle se précipite dans la pièce. Sa mère, le dos tourné, se tient debout devant sa planche à repasser et un imposant tas de linge. Elle chantonne en guidant son fer à vapeur sur la manche d'une chemise d'homme. Laura s'approche à pas de loup et lance un coucou retentissant. Sa mère sursaute violemment, se retourne et s'exclame, mi-furieuse, mi-contente :

– Ah c'est toi ! Idiote, tu m'as fait peur. (Puis, heureuse du retour de sa grande fille, elle ajoute :) Alors, comment ça s'est passé cette semaine chez Tantine ?

Laura ne répond pas tout de suite, entrouvre le four, hume le succulent parfum du rôti et, sans parler de son odyssée du cimetière ni des révélations qui lui ont été faites, dit évasivement :

– Oh, ça s'est bien passé ! (Et elle ajoute aussitôt pour empêcher sa mère de lui poser d'autres questions :) Tu sais, Tantine ne fait pas aussi bien la cuisine que toi ! On mange souvent des pâtes le soir. Mais où est Jeannot ?

– Parti avec ton père à la répétition de musique. La fanfare est de sortie dimanche prochain pour la fête des Tisseurs. Ils reviendront assez tard.

Couchée dans son lit, Laura attend avec impatience le retour de son frère.

Elle ne voudrait pas s'endormir avant qu'il ne revienne de peur de ne pouvoir commencer, dès cette nuit, ses recherches dans le grenier. Des pas. C'est lui. Entre les rideaux entrouverts de l'alcôve, elle aperçoit une silhouette râblée qui se glisse dans la chambre, se déshabille, enfile un pyjama, s'approche lentement. Elle ferme à demi les yeux. Jeannot se penche sur elle, la regarde un instant puis regagne son lit. Elle attend un bon bout de temps, se redresse, écoute. La respiration régulière de son frère monte dans la chambre. Elle se lève alors avec d'infinies précautions, met le survêtement qu'elle a plié sous son oreiller, écarte prudemment les rideaux, s'avance vers le lit de Jeannot. Il a l'air profondément endormi. Elle sort de la chambre, passe devant celle de ses parents, dégage le gros boudin qui empêche le froid d'entrer par le bas de la porte du grenier, l'ouvre, la referme sans aucun bruit, tâtonne de la main sur le mur à la recherche d'un bouton électrique, allume et grimpe en posant les pieds sur le côté extrême des marches afin qu'elles ne grincent pas.

Arrivée en haut elle se dirige vers un grand placard adossé à l'un des murs en briques. C'est là que sa mère range toutes les « vieilleries » comme elle dit. A l'intérieur, punaisé sur une porte, un carton annonce le détail du rangement :

– *Étagère du haut : affaires de maman et objets divers.*

– *Étagère du milieu : affaires de Laura et Jeannot.*

– *Étagère du bas : souvenirs divers et boîtes de boîtes.*

Laura approche un vieux tabouret en fer, monte, tire une première boîte de l'étagère du haut et lit sur son couvercle : *Vêtements de poupée.* Elle la repose, en tire une autre : *Crèche et décorations de Noël.* Une autre : *Petits cadres et vieux boutons.* La quatrième l'intéresse beaucoup plus. Elle porte ce simple mot : *Maman.* Elle la descend, la pose sur une table bancale, enlève l'élastique qui tient le couvercle,

ouvre. La boîte est pleine de petites boîtes, de lettres, d'écrins, d'objets divers : éventails, missels, peignes, lunettes. Elle n'ose rien toucher, comme si quelqu'un, derrière elle, la surveillait, comme si on allait surgir de l'escalier, comme si elle allait commettre un sacrilège. Elle surmonte sa peur et ouvre une première petite boîte. Elle est remplie de minuscules cocottes en papier. La deuxième, de mèches de cheveux enveloppées dans de petits sachets roses. La troisième, de bons points découpés dans des emballages de chocolat. La quatrième d'images, de réclames, de crayons de couleur. La cinquième de cartes postales. La sixième, la septième... Elle les ouvre toutes. Aucune trace d'un journal. Elle se désespère, jette un coup d'œil rapide à l'intérieur d'enveloppes contenant des lettres, sort les éventails, ouvre les écrins à bijoux. Ses mains tremblent. Le froid la pénètre de plus en plus. Il tombe sur ses épaules depuis les ardoises du toit, s'infiltre par les lucarnes mal fermées. Un vent violent s'est brusquement levé. Il secoue parfois l'ossature entière de la maison qui grince comme un voilier pris dans une tempête. Elle feuillette encore quelques missels minuscules, en extrait un plus gros de son étui de cuir. Il est bourré d'images de première communion finement décorées et bordées de dentelle en papier. Elle le referme et veut le réenfiler dans son étui quand elle remarque, glissé sous sa couverture noire, le dos d'un mince carnet rouge.

Le cœur battant, presque certaine qu'elle tient enfin ce qu'elle cherche, elle tire le carnet, le feuillette fébrilement. Ses premières pages, quadrillées comme celles d'un cahier d'écolier, sont vides. Une déception immense lui fait monter les larmes aux yeux. Pourtant, d'un geste las, elle tourne encore quelques pages.

Un nom, écrit élégamment à l'encre noire, barre toute une page : *Estelle,* le prénom de sa grand-mère. Alors elle oublie tout, le froid, la peur, la déception d'un instant, et tourne fiévreusement la page. La même écriture élégante, fine, précise, couvre toutes les lignes. Elle se met à lire, d'abord lentement puis de plus en plus rapidement :

12 septembre 1927.

Marguerite est rentrée en pleurs du bureau. Elle a grimpé directement dans sa chambre sans rien dire. Georgette est arrivée peu de temps après, elle aussi pleurait. Elle n'a rien voulu me dire. Elle a rejoint sa sœur dans leur chambre. Je les ai entendues se disputer, pleurer longtemps dans la nuit. Que s'est-il donc passé ?

13 septembre. Terrible journée.

Ma sœur Marguerite a eu un affreux accident. Elle est tombée du balcon de sa chambre et, en touchant la verrière, s'est brisé le cou. Georgette et moi étions absentes. C'est papa qui l'a trouvée dans la cour. Il ne parle plus et Georgette pleure, pleure sans arrêt. Impossible de l'arrêter. Vraiment je ne supporte plus cette maison. Trop de drames. D'abord maman et puis cet accident.

14 septembre.

Ma décision est prise. Après l'enterrement je partirai à Amiens. On me propose une place. Je ne peux continuer comme ça, entre papa et Georgette.

15 septembre.

Un peu avant mon départ Louis Seboncourt, le fiancé de Marguerite, est venu me trouver à la sortie du bureau. Il était bouleversé. Papa lui a écrit à propos du décès de Marguerite. L'accident ne serait pas tout à fait un accident. C'est encore plus affreux ! Ce pauvre Louis n'a pas su garder ça pour lui ! Pourquoi me l'avoir dit ? J'aurais préféré... Enfin c'est ainsi. Le 13, papa aurait eu une violente dispute avec Marguerite à propos de son mariage. Papa ne l'acceptait pas. Marguerite aurait alors enjambé le balcon et menacé de sauter s'il ne consentait pas. Elle aurait fait un faux mouvement et aurait culbuté dans le vide. C'est affreux. Pauvre papa. Il devait se sentir bien coupable pour écrire cela à Louis ! Et comment en parler à Georgette ? Est-ce nécessaire ? De toute manière c'est à papa de le faire. Je ne veux pas m'en mêler. J'en ai assez. Demain je pars. C'est décidé ! Je ne supporte plus l'atmosphère de cette maison.

Laura, bouleversée, tourne la page. Il n'y a plus rien. Le reste du carnet, comme son début, est entièrement vide. Elle reste longtemps immobile, comme perdue dans un monde inconnu où elle pénétrerait pour la première fois. Un monde terrible qu'on lui avait caché avec soin, un monde violent, mortel, oh certes qu'elle soupçonnait à travers ses lectures ou les films qu'elle avait vus, mais soudain ce monde prenait chair, ces histoires arrivaient à des êtres qu'elle aimait, qui lui étaient si proches. Elle referme lentement le carnet. Des larmes coulent de ses yeux. Elle les essuie d'un geste machinal et regarde droit devant elle le mur en briques dont les joints, très anciens, s'effritent peu à peu en laissant des traces de poussière jaune sur le plancher. Tantine cachait donc cela ! Sa mère et le vieux monsieur dans le cimetière savaient-ils aussi ? Tous ces adultes lui apparurent alors comme enveloppés de mystère. Ils dissimulaient les sentiments violents qui les agitaient pour n'offrir que des visages lisses, ne prononçaient que des mots gentils ! Ils enfouissaient profondément les autres, ceux pour lesquels on pouvait mourir.

Elle fourra le carnet dans la poche arrière de son survêtement. Elle n'en parlerait jamais, à personne ! Le secret de Marguerite, de Georgette, d'Estelle était devenu son secret. Tant pis si sa mère ne savait pas. Elle n'avait qu'à chercher elle-même si elle voulait comprendre. Maintenant, Laura découvrait pourquoi le vieux monsieur s'était enfui. Il devait savoir. Il devait être l'ami de ce Louis, le fiancé de Marguerite. Celui-ci avait dû tout lui raconter. Elle comprenait pourquoi Tantine ne voulait rien dire. Étant si proche de sa sœur, même si personne ne lui avait parlé de la dispute dans la chambre rose, elle avait dû imaginer ce qui s'était passé. Imaginer que cet « accident » n'en était peut-être pas un et, alors, par fidélité envers sa sœur ou par peur de son père et des commérages ou des médisances, elle était restée dans cette maison, à l'inverse d'Estelle, et s'y était enterrée, avec son secret ! Laura ferait tout pour aider la vieille dame, pour lui rendre un peu de bonheur. Elle se sentit subitement plus forte, comme si elle était entrée dans l'âge adulte.

Elle replaça avec soin chaque objet dans la boîte, referma son couvercle, remit l'élastique et la rangea sur son étagère, puis regagna sa chambre. Avant de se coucher, elle glissa le petit carnet dans son porte-cartes.

Chapitre 6

Le lundi suivant, en sortant de la classe, Laura traîna dans le grand parc. Elle n'avait rien dit de sa découverte à Barbara. Elle sentait bien qu'il ne fallait pas, qu'elle devait garder ce secret, que ce serait trahir Marguerite, sa grand-tante, sa grand-mère que d'en parler à une « étrangère ». Elle avait aussi un peu honte de ses folles suppositions : une Marguerite vivante, un fantôme ! La vérité était tellement plus forte, tellement plus grave. Elle avait cru cette maison « hantée ». Oui elle l'était, mais par ce lourd secret qui semblait écraser sa grand-tante. La nuit tombait, elle devait rentrer, Tantine allait s'inquiéter. Ferait-elle semblant de ne rien savoir ? Comment jouer ce rôle ? Devrait-elle mentir, elle aussi, faire comme si elle n'avait rien découvert, se taire comme les autres ? Elle avait peur d'en être incapable, peur que ce secret ne l'étouffe, peur de soudainement exploser. Comment s'y prenaient-ils donc, tous ces adultes, pour dissimuler si longtemps leurs propres secrets ? Elle ne saurait peut-être pas. Il faudrait qu'elle parle !

Inconsciemment elle ralentit à l'approche de la maison et dut se forcer pour introduire la clef dans la serrure, se forcer pour franchir le seuil. Une fois à l'intérieur, elle se rendit compte que ce n'était plus la maison en elle même, son obscurité, son silence, son immensité qui lui faisaient peur, mais le mystère encore mal élucidé qu'elle cachait entre ses murs. Maintenant cette grande maison lui semblait triste, triste seulement, et les chats qui la guettaient là-bas, assis sur la tablette du radiateur, n'étaient plus que de braves chats, un peu idiots, un peu jaloux. Ce devait être l'un d'eux qui l'avait fait culbuter dans les escaliers. Elle s'avança résolument dans le couloir. Bien sûr que Tantine avait raison, ses cheveux s'étaient accrochés à l'un de ces tableaux. Leurs encadrements étaient si tarabiscotés. Elle pénétra dans la cuisine.

Sa grand-tante, assise devant la table, lui tournait le dos. Elle soignait ses pots de marguerites et de chrysanthèmes, en coupait les feuilles et les fleurs abîmées. Laura toussa légèrement pour la prévenir de son arrivée. Elle ne voulait plus l'effrayer comme si souvent elle l'avait fait par des entrées trop silencieuses. Elle avait même fini par se demander si Tantine n'était pas un peu sourde pour toujours sursauter à son apparition. La vieille dame se retourna, un sourire très las, très fatigué sur les lèvres.

– Ah, c'est toi, ma petite fille ! Alors ce week-end chez tes parents ? Ils vont bien ? Et Jeannot, toujours aussi remuant ? Tu vois, j'arrange les fleurs pour la Toussaint. Tu viendras avec moi sur la tombe de Marguerite ?

– Bien sûr, Tantine !

Laura n'en dit pas plus. Elle avait peur de dévoiler, par une réponse, un mot maladroit, qu'elle aussi était au courant des circonstances exactes de la mort de Marguerite. La vieille dame, elle le pressentait, en aurait été peinée. Mais pourquoi donc à la fin ? Elle n'était quand même pas responsable de la mort de sa sœur ! Alors, pourquoi ce secret ? Ce n'était tout de même pas honteux de tenter de se tuer par amour ! Laura ne comprenait plus. Elle aurait préféré se réfugier dans sa chambre plutôt que de devoir affronter le sourire si las de sa grand-tante. Après un long silence, celle-ci lui lança brusquement :

– Tu sais, j'ai rencontré monsieur Corneille en ville !

Le cœur de Laura s'accéléra brutalement. On arrivait à l'explication tant redoutée. Tantine devait être maintenant au courant des recherches qu'elle

avait effectuées. Comment allait-elle réagir ? Sa grand-tante ajouta :

– Il était très gêné de t'avoir dit que ma sœur Marguerite était morte d'un accident. Il croyait que tu savais déjà. Je te dois une explication puisque tu sais maintenant que je t'ai menti ! Tu dois certainement te demander pourquoi ?

Laura ne savait plus quelle attitude adopter. Devait-elle s'excuser elle aussi d'avoir entrepris cette enquête, ou alors faire semblant de ne rien comprendre ? Tantine, sans attendre sa réponse, ajouta d'une voix plus ferme, comme si parler de sa sœur la soulageait d'un grand poids :

– Oui, je t'ai menti, mais c'est un souvenir si douloureux que j'ai préféré transformer la vérité. Personne ne m'a jamais posé de questions à propos de la mort de ma sœur. Tu es la première depuis tant d'années ! On aurait dit que tous, mon père, Estelle, Louis, tous redoutaient d'en parler. Savaient-ils la vérité qui m'a tant fait souffrir ?

Laura ne faisait plus un geste. Sa

grand-tante s'était retournée vers ses pots de fleurs et c'est à eux qu'elle parlait, comme si elle ne pouvait plus supporter le regard d'une autre personne, comme si nul ne pouvait la comprendre, comme si elle était partie à reculons dans une autre vie. Pour rien au monde Laura n'aurait voulu l'interrompre. Subitement la vieille dame changea de ton, se tourna vers elle, la regarda bien en face et dit d'une voix beaucoup plus ferme :

– Toi, tu veux savoir. C'est bien ! Tu as du caractère. Eh bien, je vais tout te raconter. Assieds-toi près de moi et écoute ce que jamais je n'ai dit à personne puisque personne jamais ne me l'a demandé ! Marguerite et moi étions très proches, tu le sais. Nous partagions tous nos secrets, toutes nos peines, tous nos bonheurs. Nous étions heureuses ensemble, malgré l'absence de notre mère qui était morte de maladie alors que nous étions encore petites. C'est notre sœur Estelle, ta grand-mère, qui nous a élevées. Papa, qui avait dû avoir beaucoup de chagrin à la mort de maman, ne s'occupait pratiquement plus de nous. Il passait tout son temps à l'usine ou, quand il était chez nous, dans son bureau. Brusquement, tout a changé quand nous avons commencé à travailler. Il y avait plusieurs jeunes employés dans la banque où nous étions. Papa a eu peur que nous soyons attirées par l'un d'entre eux. Nous nous serions mariées et il se serait retrouvé seul, surtout qu'à la même époque Estelle avait décidé de quitter la maison maintenant que nous étions élevées. Alors il s'est mis à nous surveiller. Marguerite, comme tu t'en doutes, est tombée amoureuse d'un employé, un ami de ce monsieur Corneille que tu as rencontré. Ils se retrouvaient parfois à la sortie du bureau, en cachette. Moi je faisais le guet pour les prévenir si papa arrivait car, tiens-toi bien, malgré nos dix-sept ans, il venait à notre rencontre si nous avions un peu de retard. Un jour, j'ai été distraite. Je ne l'ai pas vu arriver. Il les a surpris en train de s'embrasser. Il est entré dans une violente colère, les a insultés, a menacé le garçon de sa canne, lui a crié de ne plus jamais revoir sa fille, a giflé Marguerite qui s'est enfuie en pleurant. Le lendemain elle... elle... (La vieille dame hésita un instant comme si elle butait sur un mot impossible à prononcer, se reprit et poursuivit.) Elle tombait du balcon ! Ce fut affreux ! (Puis, saisissant la main de Laura, elle ajouta :) Tu comprends, c'était de ma faute, de ma faute ! Si j'avais mieux surveillé la rue, rien ne serait arrivé. C'était de ma faute ! Après ce malheur, ma vie a été comme brisée. Je n'ai plus jamais quitté ni papa ni la maison. Je me sentais si coupable !

– Mais Tantine, il n'y a pas que ça ! Tu oublies la dispute avec ton père. Je l'ai lu dans le journal d'Estelle !

Laura n'avait pu s'empêcher de crier, de se lever toute pâle, tremblante, victorieuse.

– Qu'est-ce que tu dis ? Quelle dispute ? Quel journal ? Qu'est-ce que tu sais ?

Tantine bafouillait, semblait ne plus

rien comprendre à l'attitude de Laura. Celle-ci fouilla fébrilement dans son blouson, en sortit son porte-cartes. Tantine la regardait fixement en se demandant si sa petite-nièce n'était pas devenue subitement folle. Laura brandit le petit carnet d'Estelle et le tendit à sa grand-tante en disant :

– Lis. C'est écrit là !

Tantine ajusta ses lunettes, se tourna vers la lumière et lut.

Après un long moment elle releva la tête, regarda vers le jardin. Deux larmes coulaient sur ses joues, deux grosses larmes qui suivaient les profondes rides de chaque côté de sa bouche. Elle n'essayait même pas de les essuyer, de les retenir. On entendit un chat miauler quelque part dans la maison, le cri bref d'un merle dans le jardin. Tantine referma le carnet, le posa sur la table, saisit son sécateur et continua machinalement son travail de tout à l'heure. Laura était bouleversée. Elle n'osait rien dire, rien faire. Le petit carnet était toujours là, sur la table. Elle n'osait pas le reprendre. Il était minuscule et pourtant si formidable de puissance. D'un seul coup il avait su faire réapparaître et Estelle et Marguerite et ce jeune fiancé et ce vieux père. Il était leur prolongement, le miroir qui soudain les avait fait renaître. Tantine le saisit et le lui tendit.

– Tiens, garde-le, il est à toi. Je n'en veux pas, je n'en veux pas !

Et devant les yeux stupéfaits de Laura elle empoigna le sécateur et se mit à couper avec rage les fleurs qui tombèrent, en vrac, sur la table. La vieille dame, tout en continuant son massacre, lança d'une voix de plus en plus forte, de plus en plus furieuse :

– Mais pourquoi ne m'ont-ils rien dit ? Rien ! Ils savaient pourtant et ils m'ont laissée tout porter, tout ! Ils m'ont laissée croire que j'étais la seule responsable. Pendant toutes ces années, j'ai cru que Marguerite s'était jetée du balcon à cause de moi, à cause de cette maudite distraction, alors qu'il y avait autre chose, autre chose ! Papa, papa, pourquoi ne m'as-tu rien dit ?

Elle eut alors une sorte de gémissement, de cri douloureux et murmura :
– Papa, comme je t'en veux ! Tu aurais dû me parler de cette dispute avec Marguerite. Je t'aurais pardonné. Mais maintenant, maintenant…

La vieille dame s'arrêta brusquement, comme honteuse de ce qu'elle venait de dire, de faire, regarda la pauvre Laura qui ne savait plus où se mettre. Elle avait ramassé les fleurs qui étaient tombées de la table et les gardait, stupide dans sa main. La vieille dame les lui prit, rassembla celles qui étaient sur la table, en fit un bouquet et dit d'une voix plus calme :
– Ma pauvre petite, quelle tante indigne je suis ! Mais il fallait que ça sorte ! Tu comprends ? Pendant soixante ans ce remords m'a rongée et j'apprends seulement aujourd'hui, grâce à toi, qu'il y avait autre chose. Que je n'étais pas la seule coupable ! Si j'avais su, s'ils m'avaient parlé, je n'aurais sans doute pas gâché ainsi ma vie. J'ai envie de

brûler cette affreuse baraque, de la détruire, de l'anéantir, de...

– Tantine, s'il te plaît, calme-toi et excuse-moi de...

– Ah non ! Tu ne vas pas t'excuser ! Tu as eu raison de vouloir comprendre ce qui s'est passé dans cette maison. Il faut toujours vouloir comprendre ! Si j'avais été comme toi, curieuse, têtue, obstinée, je n'en serais pas là ! Ce sont des qualités tu sais. Les adultes disent le contraire parce que ça les protège ! Tu comprends, ça les protège ! Ils peuvent mentir par-derrière. Oui, ça les protège et ça les tue !

La vieille dame se leva, planta le bouquet dans un vase, puis, soudainement prise par un frénétique besoin d'activité, demanda à Laura de l'aider à sortir les pots de fleurs dans le jardin, d'en rentrer d'autres, de nettoyer la petite cour pavée à grands coups de jet d'eau, de secouer les paillassons puis lui souffla, quand tout fut fini :

– On va se mijoter un bon petit plat pour le dîner. Qu'est-ce que tu en dis ?

Ça nous remontera... Comme il est dommage que tu ne sois pas venue ici plus tôt ! Ma vie en aurait été transformée !

Le lendemain, Laura ne répondit que très évasivement aux questions de Barbara. Celle-ci, trop heureuse de constater que son amie n'attachait plus guère d'importance à son enquête, n'insista pas et l'entraîna vers un groupe qui discutait avec animation des prochaines vacances de la Toussaint.

Après les cours, Laura rentra très vite chez sa grand-tante. Elle était un peu inquiète car le matin, en descendant dans la cuisine, elle n'avait pas vu Tantine. La vieille dame dormait-elle encore ? Elle était peut-être fatiguée après les émotions de la veille. Elle fut très étonnée de trouver la porte fermée à double tour. Elle ouvrit en hâte, se précipita dans le couloir, vers la cuisine. Elle était vide. Seuls les chats, assis sur le buffet, semblaient l'attendre. Sur la table était posée une grande enveloppe portant son nom. Elle l'ouvrit avec anxiété. D'une main ferme sa grand-tante avait écrit :

Ma chère petite Laura,

Je suis partie à Lille chez Louis Seboncourt. Il vit toujours. Monsieur Corneille m'a donné son adresse. Il me doit une explication, même soixante ans après ! Ensuite j'irai faire un grand tour. J'irai revoir les plages où nous allions en vacances autrefois : Malo-les-Bains, Dunkerque, Calais. J'aimais si fort ces voyages en automobile. Je prendrai un taxi ! Ne t'inquiète surtout pas. N'en parle pas à tes parents. Je reviendrai samedi ou dimanche. Occupe-toi bien des chats. Je suis sûre que tu comprendras pourquoi j'ai éprouvé le besoin de faire ce voyage, toi qui comprends tout !

Je t'embrasse si fort ma petite fille.

A lundi,

Georgette.

PS : J'ai téléphoné à un électricien, à un plombier et à une entreprise de peinture. On va tout refaire dans cette maison ! Fini d'habiter dans un tombeau !

Laura sourit, déchira la lettre, ôta le petit rond brûlant de la vieille cuisinière à charbon et jeta les morceaux. Ils s'enflammèrent aussitôt.

Castor Poche

Des livres pour toutes les envies de lire,
envie de rire, de frissonner, envie
de partir loin ou de se pelotonner dans un coin.

Des livres pour ceux qui dévorent.
Des livres pour ceux qui grignotent.
Des livres pour ceux qui croient ne pas aimer lire.
Des livres pour ouvrir l'appétit de lire et de grandir.

Castor Poche rassemble des textes du monde entier ; des récits qui parlent de vous mais aussi d'ailleurs, de pays lointains ou plus proches, de cultures différentes ; des romans, des récits, des témoignages, des documents écrits avec passion par des auteurs qui aiment la vie, qui défendent et respectent les différences. Des livres qui abordent les questions que vous vous posez.

Les auteurs, les illustrateurs, les traducteurs vous invitent à communiquer, à correspondre avec eux.

Castor Poche
Atelier du Père Castor
4, rue Casimir-Delavigne
75006 PARIS

Castor Poche

A chacun ses intérêts, à chacun ses lectures.

9 séries à découvrir :
Aventures
Contes et Fables
Connaissances
Fantastique et Science-fiction
Histoires d'Animaux
Humour
Le monde d'Autrefois
Mystère et Policier
Vivre Aujourd'hui

Castor Poche
Une collection qui s'adresse à tous les enfants
Benjamin : dès 3/4 ans
Cadet : dès 5/6 ans
Junior : dès 7/8 ans
Senior : dès 11/12 ans

Castor Poche, des livres pour toutes les envies de lire : pour ceux qui aiment frissonner, les romans policiers, résoudre des énigmes, voici une sélection de romans palpitants.

95 **La boîte aux lettres secrète** **Junior**
par Jan Mark

Comment correspondre avec sa seule amie après son départ, lorsque l'on a dix ans, pas de téléphone et que les timbres coûtent trop cher pour lui écrire ? Louise a une idée : il faut déposer des messages dans une boîte aux lettres secrète, comme les espions ! L'idée de Louise n'est pas si mauvaise, même si les effets en sont plutôt inattendus...

101 **L'énigme du gouffre noir** **Junior**
par Colin Thiele

Les cavernes souterraines sont très nombreuses dans la région d'Aus- tralie où habitent Ket et sa famille. Ket connaît les dangers de ces puits remplis d'eau, véritables trous de la mort, et de ces labyrinthes de tunnels sinueux. Pourtant, après avoir entendu parler d'un trésor caché sous terre, voilà Ket entraîné par ses deux amis à s'y aventurer...

102 **Les poings serrés** **Senior**
par Olivier Lécrivain

Un sacré bagarreur l'apprenti forgeron! Ses poings de quatorze ans, il sait s'en servir... Alors, lorsque l'on remonte des eaux de la Gartempe le corps de Dédé, on a vite fait de le déclarer coupable. Loïc va-t-il laisser détruire sa vie par ces calomnies? Pourtant, depuis son accident, il ne se souvient pas bien... Ses ennemis auraient-ils raison?

127 **L'énigme de l'Amy Foster** **Senior**
par Scott O'Dell

À seize ans, Nathan est mousse sur le trois-mâts de ses frères. Ils recherchent l'épave de l'Amy Foster, un baleinier disparu dans des circonstances troubles et qui transportait une fortune en ambre gris. Mais l'épave reste introuvable, et un vent de mutinerie souffle sur l'équipage...

193 Je suis innocent ! ! ! **Senior**
par Mel Ellis

Danny Stuart, dix-sept ans, est accusé d'avoir assassiné un voisin. Au début, Danny est persuadé que son innocence va éclater à la vue de tous. Il n'hésite pas à partir en cachette nourrir Molly, la chienne de la victime, réfugiée dans les collines avec sa portée de chiots. Mais la date du procès se rapproche et Danny s'aperçoit avec angoisse qu'il n'a aucun moyen de se défendre contre les preuves accablantes qui s'accumulent contre lui....

215 Le Penseur mène l'enquête **Junior**
par Christine Nöstlinger

Daniel dit « le Penseur », Michaël « le Lord » et Otto dit « As de Pique » forment avec Lilibeth le petit clan très soudé de la classe de 4e D. Après une succession de vols commis dans la classe, le Lord est accusé. Ses trois amis, convaincus de son innocence, mettent tout en œuvre pour trouver le coupable.

286 Stève et le chien Sorcier **Junior**
par Anne Pierjean

Au cours d'une partie de pêche au bord de la Drôme, Stève et son inséparable ami Pat rencontrent Carême le clochard qui vit avec son chien, Sorcier. Le vieil homme prétend posséder un trésor dont il serait le seul, avec son chien, à connaître la cachette. Quelques jours plus tard, Carême est victime d'une agression...

310 Laura et le mystère de la chambre rose **Junior**
par Jacques Delval

Pour s'éviter de longs trajets quotidiens entre l'école et la maison, Laura va habiter chez une grand-tante. Et voici Laura emportée dans une aventure des plus étranges. Quel mystère cache la vieille demeure ? Pourquoi ces bruits inquiétants, ces chambres toujours fermées à clef ?

Mystère et Policier

330 **Les fantômes de Klontarf** **Junior**

par Colin Thiele

Matt et Terry vont jouer dans la colline. Un orage éclate, Terry tombe et se casse la jambe ! Matt laisse Terry à l'abri dans une demeure abandonnée. Lorsque les secours arrivent, Terry prétend avoir vu des fantômes... Malgré l'hostilité des propriétaires de la vieille ferme, Matt et ses amis n'abandonnent pas. Ils vont affronter le danger pour découvrir quels mystères cachent ces vieux murs...

338 **Passage de la Main-d'Or** **Junior**

par Laurence Lefèvre

Estelle, Antoine Bonnard et leurs enfants - Victor et Indiana -, emménagent dans un vieil atelier du XIe arrondissement de Paris. Indiana rencontre un curieux jeune Anglais amnésique. D'où vient-il ? Pourquoi a-t-il si peur des chats ? Un vent de folie souffle sur le passage de la Main-d'Or.

348 **Le mystère de la maison aux chats** **Junior**

par Carol Adorjan

Beth vient d'emménager dans une vieille maison, elle a pour voisin un couple aux allures originales. La dame propose à Beth de nourrir en son absence les cinq chats qu'elle a recueillis. Mais des indices étranges intriguent Beth. Il y a quelqu'un d'autre dans la maison. Il faudra du courage et de la détermination à Beth pour mener son enquête.

380 **La folle poursuite** **Junior**

par Hugh Galt

À Dublin, Nicolas possède-t-il à peine le vélo de ses rêves qu'on le lui vole. En partant sur les traces des voleurs, il tombe sur une bande de kidnappeurs très dangereux. Suspense, mouvement et humour sont au rendez-vous qui nous mène au dénouement d'une traite.

384 **Deux espions à Fécamp** **Junior**
par Bertrand Solet
Été 1906, c'est la saison des bains de mer pour les riches vacanciers, mais Jean-Marie travaille dur dans les cuisines d'un hôtel. Son père, un terre-neuvas, a été blessé lors d'une campagne de pêche et le garçon veut savoir par qui. Dans la ville se cachent deux espions russes traqués par les policiers. Jean-Marie, l'espace d'un été, joue au détective.

425 **Sur la piste du léopard** **Junior**
par Cecil Bødker
Une nouvelle fois le léopard emporte un veau de Tibeso, le gardien du troupeau. Il part alors au village voisin chez le grand sorcier chercher conseil. Mais le léopard n'est pas le seul responsable des vols, Tibeso le sait, et les brigands savent aussi qu'ils ont été découverts par un enfant. C'est le début d'une course poursuite haletante...

430 **Le Mugigruff, la bête du mont Grommelon** **Junior**
par Natalie Babbitt
Par temps de pluie, des pleurs lancinants s'élèvent du mont Grommelon. Depuis plus de mille ans, une bête abominable vit là-haut dans la brume à donner des frissons aux habitants du bourg niché au pied du mont. Un garçon de onze ans, en visite chez son oncle, décide d'aller là-haut voir de quoi il retourne...

447 **La mémoire en miettes** **Junior**
par Thierry Alquier
L'inspecteur Lemarchand, à la veille d'un long week-end, découvre au poste de police unjeune garçon amnésique. Il ne sait qui il est, d'où il vient, il a même oublié son nom. On l'appellera Mémory en attendant que la mémoire lui revienne, il sera recueilli par les Lemarchand. L'inspecteur et son fils Étienne mèneront l'enquête pour retrouver le passé de Mémory. C'est le début d'un long voyage...

465 L'ancêtre disparue **Junior**
par Lorris Murail
Corinne, Marinette et Arthur, en vacances dans la maison de leurs ancêtres, découvrent un album de famille. Pourquoi certaines photos ont-elles été systématiquement découpées, supprimant le visage d'une femme? Les trois enfants mènent l'enquête, et partent à la recherche du secret de famille oublié.

466 Rends la monnaie, Papa! **Junior**
par Elizabeth Faucher
À onze ans, Timmy ne connaît pas son père. Ce dernier passe sa vie en prison, entre deux mauvais coups, toujours ratés. Sa tante, qui l'élève, part en voyage de noces une semaine. C'est l'occasion pour Timmy de connaître enfin son père. Mais il s'aperçoit bientôt que celui-ci a encore des projets pas très honnêtes...

468 Les aventures de Sherlock Holmes, tome 1 **Senior**
par sir Arthur Conan Doyle
Sherlock Holmes déploie son génie de la déduction dans cinq nouvelles où le moindre détail a son importance et lui permet de reconstituer une affaire jusque dans le plus petit détail...

469 Les aventures de Sherlock Holmes, tome 2 **Senior**
par Sir Arthur Conan Doyle
Quatre nouvelles dans lesquelles Sherlock Holmes nous entraîne des bas-fonds londoniens jusque dans la campagne anglaise. La police britannique ne parvient pas à dénouer les intrigues? Qu'à cela ne tienne, notre célèbre détective amateur, flanqué de son fidèle Wat- son, s'attaque, avec brio, aux énigmes les plus compliquées...

478 **Le chien des Baskerville** **Senior**
par Sir Arthur Conan Doyle

Une malédiction pèse sur les Baskerville. Une lande désolée cerne le manoir familial, elle est hantée par une bête mi-chien mi-démon qui, selon la légende, tue le dernier héritier du nom. Sir Henry de Baskerville, très impressionné par la mort tragique de son oncle, en appelle au génie de Sherlock Holmes pour briser le sort qui semble s'acharner sur la famille.

486 **Le casse-tête chinois** **Senior**
par Harriet Graham

Flora et William ont été recueillis par Samuel Rolandson, le célèbre magicien. Alors que les enfants s'apprêtent à partir en vacances, Samuel reçoit la visite de Chang, un vieil ami chinois. Samuel semble tout heureux de le retrouver, pourtant les enfants soupçonnent Chang de leur cacher quelque chose...

490 **Arsène Lupin Le bouchon de cristal** **Senior**
par Maurice Leblanc

Un mystérieux bouchon de cristal est convoité par beaucoup trop de monde. Quel secret recèle-t-il, comment expliquer que certains iraient jusqu'au meurtre pour se le procurer? Arsène Lupin mène l'enquête. Notre brillant gentleman devra se montrer très astucieux s'il veut faire échouer les plans d'un adversaire particulièrement redoutable.

491 **Arsène Lupin L'agence Barnett et Cie** **Senior**
par Maurice Leblanc

Qui est donc cet intrigant Jim Barnett? Il se trouve mêlé aux histoires les plus rocambolesques et tire toujours au clair les plus grands mystères? Il semblerait que son agence privée, Barnett et Cie, résolve tous les problèmes gratuitement ou presque! Chaque fois, ce sont les coupables qui sont punis et les innocents qui échappent aux dangers! Vous l'aurez compris, Arsène Lupin n'est pas loin...

Castor Poche, des livres pour toutes les envies de lire : pour ceux qui aiment s'évader du réel, voici une sélec tion de romans de science-fiction et de fantastique.

20 **La cité des abeilles** **Junior**
par Thomas Keneally

Ned se sent seul sur son lit d'hôpital. Il laisse errer son regard. Là, sur le rebord de la fenêtre, une abeille et un papillon le fixent intensément. « Salut » leur dit le garçon. Aussitôt, l'abeille dépose sur ses lèvres une goutte d'un mystérieux liquide et c'est le début d'une étrange aventure...

23 **La fille du cirque** **Junior**
par Lygia Bojunga Nunes

L'univers de Maria, dix ans, c'est le cirque où ses parents sont équilibristes, où elle s'entraîne pour les accompagner dans leur numéro. Mais un double drame fait basculer son existence. À la mort acciden telle de ses parents, Maria doit quitter et le cirque, et ses amis, pour vivre chez une grand-mère toute-puissante. Comment Maria va-t-elle retrouver son équilibre dans un monde qui lui est si étranger ?

49 **La révolte de 10 X** **Junior**
par Joan Davenport Carris

Taylor a treize ans lorsque son père, avec lequel elle s'entend parti culièrement bien, meurt d'une crise cardiaque. Au moyen de 10 X, le petit ordinateur programmé par le père et sa fille, Taylor va semer l'anarchie dans la nouvelle maison détestée. Comment arrivera-telle à vaincre son chagrin mué en révolte ?

67 **La sacoche jaune** **Junior**
par Lygia Bojunga Nunes

Raquel a des problèmes avec ses « envies » qui grandissent et qu'elle ne sait comment dissimuler. Il y a l'envie de cesser d'être un enfant, l'envie d'être un garçon et celle d'écrire Un matin, dans la sacoche jaune qu'elle a récupérée, elle découvre le héros du roman qu'elle vient d'écrire, bientôt suivi de compagnons assez inattendus...

Castor Poche Connaissances

Une nouvelle série
à partir de 8/9 ans.

Castor Poche Connaissances

Des petits « poches » à lire d'un trait
ou à prendre et à reprendre.
Des textes pour stimuler la curiosité,
pour susciter l'envie d'en savoir plus.

Castor Poche Connaissances

En termes simples et précis,
des réponses à vos curiosités, à vos interrogations.
Des textes de sensibilisation
sur des notions essentielles.
Les premières clés d'un savoir.
Des sujets variés.
Le sérieux de l'information
allié à la légèreté de l'humour.
Un ton alerte et vivant.

Dans chaque ouvrage,
un sommaire et un index détaillés permettent
de se référer rapidement à un point précis.

C1 Bon pied, bon œil ! (Junior)

Notre santé

par Lesley Newson

Quels sont les moyens de défense et de reconstruction de notre organisme ? Que se passe-t-il à l'intérieur de notre corps lorsque nous avons la varicelle ? Ce guide concis et vivant nous permet d'en savoir plus sur les microbes, les virus, les bactéries et... sur nous-mêmes.

C2 Comme un sou neuf ! (Junior)

La bataille contre la saleté

par Lesley Newson

Qu'est-ce que la saleté ? Comment agissent le savon, les détergents ? Une approche, à la fois scientifique et vivante des questions d'hygiène, qui nous informe avec précision et humour, et nous aide à combattre la saleté sur notre corps, sur nos vêtements, dans nos maisons et dans nos villes.

C3 La marche des millénaires (Senior)

A l'écoute de l'Histoire

par Isaac Asimov & Frank White

Parce qu'il traîte autant des modes de vie et de l'évolution des techniques que des faits dits historiques, ce livre transforme le domaine parfois rebutant de l'Histoire en une matière vivante et attrayante. Les connaissances historiques sont mises en relation avec les grandes préoccupations d'aujourd'hui, et deviennent du coup captivantes.

C4 Sale temps pour un dinosaure ! (Junior)

Les caprices de la météo

par Barbara Seuling

Comment se forme un grêlon ? En quoi une tornade diffère d'un cyclone ? Quelle est la température la plus chaude jamais enregistrée sur terre ? Qu'est-ce que la foudre ? Mille informations sur le temps et la météorologie sont regroupées dans ce petit livre, qui dissipent les interrogations et ... éclaircissent notre ciel !

C5 Les coulisses du zoo (Junior)

Carnets d'un vétérinaire

par Sheldon L. Gerstenfeld

Comment les kangourous montrent-ils leur colère ? Comment faire une prise de sang à une tortue ? Comment administrer un médicament à un hippopotame ? Comment prendre la température d'un éléphant ? Écrit par un vétérinaire, un guide présentant avec humour une foule d'informations sur les animaux du zoo.

C6 Les dieux s'amusent (Senior)

La mythologie

par Denis Lindon

Un précis de mythologie aussi savant que souriant. Un livre passionnant, drôle et instructif, qui nous permet de (re)découvrir les plus belles histoires du monde : les amours de Jupiter, les facéties de Mercure, les complexes d'Œdipe, les colères d'Achille, les ruses d'Ulysse...

C7 Un appétit d'ogre (Junior)

Le mystère des aliments

par Lesley Newson

Pourquoi les vaches peuvent-elles se nourrir d'herbe et pas nous ? Comment se fait-il que la cuisson durcisse le blanc d'œuf et ramollisse les pâtes ? Comment sont fabriqués les bonbons ? À ces questions, et à bien d'autres, une biologiste apporte des réponses claires, souvent drôles, mais toutes scientifiques.

C8 Top chrono (Junior)

La mesure du temps qui passe

par Franklyn M. Branley

Pourquoi y a-t-il soixante minutes dans une heure ? Pourquoi février ne compte que vingt-huit jours ? Qui a inventé les fuseaux horaires ? Pour mieux comprendre comment les hommes ont appris à mesurer le temps qui passe et à y poser des jalons, un petit livre qui remonte le temps - et vient à temps.

Cet
ouvrage,
le trois cent
dixième
de la collection
CASTOR POCHE,
a été achevé d'imprimer
sur les presses de l'imprimerie
G. Canale & C. S.p.A.
Borgaro T.se - Turin
en septembre
1996

Dépôt légal : novembre 1990.
N° d'Édition : 4224. Imprimé en Italie.
ISBN : 2-08-164224-7
ISSN : 1147-3533
Loi n° 49-956 du 16 juillet 1949
sur les publications destinées à la jeunesse